weissbooks.w

Bernd Hontschik
Herzenssachen

So schön kann Medizin sein

weissbooks.w

Herzenssachen

Ware Medizin

Ich habe einen wunderbaren Beruf, den ich seit 30 Jahren ausübe – die erste Hälfte der Zeit im Krankenhaus, die zweite Hälfte in meiner eigenen Praxis in der Frankfurter Innenstadt. Seit 30 Jahren arbeite ich als Chirurg. Es ist sehr befriedigend, wenn man etwas gelernt hat, womit man verletzten oder kranken Mitmenschen nachhaltig helfen kann. Und in all den Jahren habe ich immer wieder neue Vorbilder und Lehrer getroffen, immer wieder dazulernen und meine ärztliche und chirurgische Arbeit konzeptionell und technisch immer wieder auf den neuesten Stand bringen können. In meiner Praxis habe ich wunderbare Mitarbeiterinnen, einen angenehmen Partner, helle, moderne Räume, alles ist technisch auf dem neuesten Stand, und jeden Morgen freue ich mich wieder auf meine Arbeit.

Wenn ich mich in unserer Gesellschaft und in der Welt so umschaue, dann muss ich wohl sagen, dass ich mich damit in einer privilegierten Situation befinde. Wenn da nur nicht ICD, DMP, DRG, QM, EBM, OPS, MDK, GOÄ, EBM, BQS, Zuzahlungen, morbiditätsorientierter Risikostrukturausgleich, Betriebsstättenkennziffer, Regelleistungsvolumen, Leitlinien, Vorsorgemedizin, elektronische Gesundheitskarte und Qualitätsmanagement wären.

Wer sich nicht ständig mit der Medizin und den unzähligen Gesundheitsreformen beschäftigt, hat jetzt wahrscheinlich kein Wort verstanden. Kein einziger Teil dieser Aufzählung hat etwas mit Medizin oder gar Chirurgie zu tun. Es handelt sich um Bausteine des sozialpolitischen Rahmens, in dem ich meine Arbeit ausübe. Gegen keinen dieser einzelnen Bausteine ist an sich etwas einzuwenden, aber zusammen, im politischen Kontext, werden sie zu Geißeln. Die Frage ist also: Was eigentlich ist der Kontext, wie sieht das politische Konzept der ständigen Gesundheitsreformen aus?

Wir sind derzeit Zeugen eines gigantischen Zerstörungsprozesses unserer Sozial- und Gesundheitssysteme, um die uns die Welt eigentlich beneidet. Die Zerstörung vollzieht sich in kleinen Schritten, die immer wieder unter demselben Namen daherkommen: Gesundheitsreform. Dahinter verbirgt sich eine durchdachte

Strategie. Die Überschrift dieser Zerstörung heißt »Industrialisierung«. Aus meiner Sicht findet in der Humanmedizin derzeit ein gewaltiger Paradigmenwechsel statt. In das Gesundheitswesen hat unsere Gesellschaft bislang einen Teil ihres Reichtums investiert, zum Wohle aller. Nun wird das Gesundheitswesen zur Quelle neuen Reichtums für Investoren, die durch hohe Renditen dorthin gelockt werden.

Gesundheit wird zunehmend zur Ware deformiert, das Gesundheitswesen wird zu einem profitablen Industriezweig. Der Patient wird zum Kunden, der Arzt zum Dienstleister. Gerade dort, wo Markt und Konkurrenz absolut nichts zu suchen haben, nämlich in der direkten Beziehung zwischen Arzt und Patient, da ziehen sie derzeit mit Macht ein. Und dort, wo Markt und Konkurrenz für beste Verhältnisse sorgen könnten, nämlich bei der Herstellung und Verteilung von Medikamenten, medizinischen Hilfsmitteln und Geräten, da werden sie durch Korruption, Lobbyismus und globale Konzentration an ihrer Entfaltung gehindert und verkehren sich ins Gegenteil. Heute definiert die Pharmaindustrie, wer »krank« ist oder was »Krankheit« ist. Und nicht wenige Professoren sind eigentlich habilitierte Pharmavertreter. Und nicht wenige Kommissionen für die Festlegung von Leitlinien und Disease-Management-Programmen dürften alles andere als unabhängig sein. Mit der ständigen Wiederholung der gängigen Lügenmärchen von der Kostenexplosion, der hohen Kosten durch »Überalterung« und der hohen Lohnnebenkosten wird unser solidarisches Gesundheitswesen Schritt für Schritt zerstört. Wenn vor 30 Jahren jemand prophezeit hätte, dass eine Universitätsklinik privatisiert werden würde, hätte ich ihm den Vogel gezeigt. Aber die Wandlungsprozesse in diesen dreißig Jahren kannten kein Tabu.

Vor ca. fünfzehn Jahren habe ich mit der Einführung des ICD, der »International Classification of Diseases«, einen tiefen Einschnitt in meinen beruflichen Alltag erlebt. Während bis dahin eine Diagnose für mich eine subtile, differenzierte Mitteilung an den weiterbehandelnden Arzt war, muss ich jetzt meine Diagnosen so lange umformulieren, zurechtstutzen oder erweitern, bis ich eine Formulierung gefunden habe, die einer ICD-Ziffer ähnlich genug ist, um sie anzuwenden. Wem hat das genutzt? Inzwischen rollt das »Qualitätsmanagement« über Krankenhäuser und Praxen hinweg, ein Verfahren, das aus der Automobilindustrie stammt und dort der Überprüfung und Optimierung der Fertigungsprozesse von

Werkstücken dient. Was ist dadurch besser geworden in der Medizin? Ich sehe meine Kollegen unter dem Zwang, an Disease-Management-Programmen (DMPS) teilzunehmen und ihre Patienten zu überreden, sich in solche Programme einzuschreiben. Ich empfinde schon den Begriff »DMP« als Beleidigung meiner ärztlichen Tätigkeit, denn ich behandle keine Krankheiten, ich behandle Kranke. Ich kenne keinen Gesundheitspolitiker, der die Tragweite dieser letzten Feststellung wirklich verstanden hat. Alles, was ich tue, muss heute evidenzbasiert sein. Das mag zwar ein Fortschritt sein gegenüber der eminenzbasierten Medizin (ein schon angestaubter Scherz), im Kontext der Industrialisierung ist es aber nur ein Instrument der Gleichmacherei, das zur Austauschbarkeit von Arzt und Patient führt.

An dieser Stelle ist ein kleiner Exkurs über das Paradigma der Humanmedizin unvermeidlich: Ich vertrete das Konzept der Integrierten Medizin, wie es Thure von Uexküll entwickelt hat. Uexküll hat mich vor vielen Jahren, als ich mit meiner Arbeit als Chirurg in größere Zweifel geraten war, mit einem sehr, sehr einfachen Satz gefangen genommen – und bis heute nicht mehr losgelassen. Dieser Satz brachte mein ganzes diffuses Unbehagen mit der Schulmedizin auf den Punkt. Er lautete: »Die Medizin ist streng getrennt in eine Medizin für Körper ohne Seelen und eine Medizin für Seelen ohne Körper«. Was bedeutet dieser Satz?

Mit ihrem Menschenbild ist die moderne Schulmedizin im philosophischen Konzept der Naturwissenschaft des 19. Jahrhunderts steckengeblieben. Diese Schulmedizin kann nur mit Sichtbarem, mit Zählbarem und mit Messbarem wirklich umgehen. Sie setzt damit auf eine objektive, existierende Realität, die es nur zu erkennen gilt. Diese Erkenntnis- und Denkmodelle sind daher immer nur zweigliedrig. Sie bestehen aus Ursache und Wirkung. Auf eine Ursache folgt eine Wirkung, oder genauer: Auf die gleiche Ursache folgt immer die gleiche Wirkung.

In der Integrierten Medizin ist der Ausgangspunkt ein grundsätzlich anderer. Die prinzipielle philosophische Position der Integrierten Medizin ist der Konstruktivismus. Wir gehen davon aus, dass alles, was wir erkennen, erst im Prozess der Erkenntnis konstruiert wird und nichts unabhängig von der Erkenntnis existiert. In der Medizin wird das mit dem Gedanken grundlegend deutlich, dass sich jedes Lebewesen eine eigene Umwelt, seine eigene Welt konstruiert, in der es überleben, in der es leben kann. Diesen Vorgang bezeichnen wir als Passung. Dementsprechend würden wir ein Misslingen dieses Passungsvorganges als Passungsstörung bezeichnen, womit wir in die Nähe einer Krankheitstheorie der Integrierten Medizin kommen. Der Passungsvorgang ist ein außerordentlich individueller Vorgang. Würde ich mich mit einem Ultraschallgerät um den Hals und Kopfhörern über den Ohren kopfüber in einen dunklen Dachboden hängen, so hätte ich doch nicht die Spur einer Ahnung von der Lebenskonstruktion einer Fledermaus. Und dieser Passungsvorgang ist ein dynamischer Prozess. Eine Passung, die heute funktioniert hat, also Leben ermöglicht, kann morgen schon falsch sein und im schlimmsten Fall ein Weiterleben unmöglich machen. Die Erkenntnis- und Denkmodelle eines konstruktivistischen Weltbildes sind aus diesem Grund immer dreigliedrig. Zwischen Ursache und Wirkung findet ein Prozess statt, den wir »Bedeutungserteilung« nennen.

Dieser Vorgang der Bedeutungserteilung unterscheidet lebendige Wesen von technischen Maschinen. Die Bedeutungserteilung markiert den Unterschied zwischen einer Medizin als technisierter Naturwissenschaft und einer Medizin als empathischer Humanwissenschaft.

Patienten sind Lebewesen, und Ärzte sind Lebewesen. Sie treffen nur deswegen aufeinander, weil es bei den Patienten zu Krankheit, zu Passungsstörungen gekommen ist. Die vornehmste und zugleich schwierigste Aufgabe des Arztes ist es nun, diese Passungsstörung zu lokalisieren. Das ist der Versuch, sich in die individuellen Vorgänge der Bedeutungserteilung einzufühlen. Zu diesem Zweck müssen das Lebewesen Patient und das Lebewesen Arzt miteinander kommunizieren.

Da die Medizin eine Humanwissenschaft ist, braucht sie auch eine Kommunikationstheorie. Als Arzt muss man die verschiedenen Systeme und Subsysteme erkennen können, in denen sich ein Patient bewegt, man muss die Symptome diesen Systemen und Subsystemen zuordnen können, man muss die Symptome als Zeichen, als Ausdruck von Passungsstörungen verstehen lernen und man muss wissen, dass das alles nur momentane, flüchtige Konstruktionen sind, die morgen schon – mit ganz anderen Bedeutungserteilungen – ganz anders strukturiert sein können. Das verstehen wir in der Integrierten Medizin unter Heilkunst – ein äußerst individueller Vorgang.

Eine Humanmedizin, die – ausgestattet mit allen modernen Kenntnissen der Natur- und Humanwissenschaften – das Individuum Patient ernst nehmen will, wird aber selbstverständlich scheitern müssen in einem politischen Kontext, in dem aus dem Gesundheitswesen ein profitabler Wirtschaftsbereich gemacht werden soll.

Wie soll man sich die Medizin im Rahmen eines Wirtschaftszweiges vorstellen? Aus der Liste der anfangs aufgezählten modernen Geißeln der ärztlichen Tätigkeit nehme ich zur Erläuterung als pars pro toto die Diskussion um Leitlinien.

Auf die Frage, wie es ihm gehe, antwortete Karl Valentin einmal: »Mein Magen tut weh, die Leber ist geschwollen, die Füße wollen nicht so recht, das Kopfweh hört auch nicht mehr auf, und wenn ich von mir selber reden darf: Ich fühle mich auch nicht wohl.« Wenn ich nun der behandelnde Arzt von Karl Valentin wäre, hätte ich heutzutage fünf Leitlinien zu Rate zu ziehen: die Leitlinie »Magenschmerzen«, die Leitlinie »Hepatomegalie«, die Leitlinie »Statik und Schmerzen des Fußes«, die Leitlinie »Kopfschmerzen« und eine fünfte Leitlinie (die es bezeichnenderweise nicht gibt), die eigentlich »Karl Valentin« heißen müsste. Mit den ersten vier Leitlinien käme jeder Handwerker mit medizinischer Halbbildung zurecht, mit der fünften Leitlinie aber nur ein Arzt.

Am Umgang mit Leitlinien kann man also erkennen, ob es sich um angewandte Medizintechnik gemäß der neuesten Vorschriftenliste oder um Humanmedizin auf dem neuesten Stand handelt. Geht es hier nur um naturwissenschaftliche Fakten? Welche Rolle spielt Erfahrung? Ist das alles überholt und von gestern? Kein Arzt kann auch nur zu einem einzigen Krankheitsbild seines Faches alle Veröffentlichungen im Auge behalten. Es ist also durchaus sinnvoll, immer wieder einen Konsens darüber zu suchen, was bei der Behandlung einer Krankheit »state of the art« ist. Es kann nur gut sein, überkommene Therapien aufzugeben, wenn Sie einer wissenschaftlichen Überprüfung nicht standhalten. In jedem Fach gibt es Spreu und Weizen. Wahrscheinlich wirkt die Erstellung einer Leitlinie zum Teil ja kathartisch. Leitlinien werden aber nicht als Hilfsmittel verstanden, nicht als Werkzeug in der Hand des Arztes, nicht als Wegweiser. Leitlinien werden immer mehr als Standard, als Vorschrift verstanden und auch so angewandt; wenn es sein muss, auch gegen den Patienten – und gegen den Arzt.

Hierzu zwei Beispiele:

Bei der Behandlung der Multiplen Sklerose spielen heutzutage die Interferone eine wichtige Rolle. Natürlich sind die Interferone auch in den

Leitlinien verankert. Diese Leitlinien wurden 1999 erstmals von der Multiple-Sklerose-Therapie-Konsensus-Gruppe der deutschen, österreichischen und Schweizer MS-Gesellschaften formuliert und kommen als »immunmodulatorische Stufentherapie« zur Anwendung. Ich lasse unbeachtet alle Fragen nach dem Kontext der Experten, obwohl diese zum Verständnis einer Leitlinie wohl entscheidend sind. Ich referiere nur das Ergebnis dieser einen Leitlinie in der täglichen Praxis im Bereich der Kassenärztlichen Vereinigung Hessen: Mitte 2005 wurde die Berentung einer Patientin mit Multipler Sklerose mit der Begründung abgelehnt, sie habe sich trotz dringenden ärztlichen Anratens einer Behandlung mit Betainterferonen widersetzt. 2006 wurde der Rehabilitationsantrag eines Leiters einer MS-Selbsthilfegruppe von seinem Rentenversicherungsträger zurückgewiesen, weil er sich bisher nicht mit Betainterferonen habe behandeln lassen. Ebenfalls im Jahre 2006 erhielt ein MS-Patient von seiner privaten Krankenkasse den unmissverständlichen Hinweis, dass man die Lohnfortzahlung im Krankheitsfall demnächst einstellen werde, wenn er sich weiterhin der Behandlung mit Betainterferonen entziehen würde. Diese Form der Anwendung von Leitlinien macht die Patienten zu Schuldigen an ihrer Krankheit.

Das zweite Beispiel stammt aus dem Jahr 2005 und aus meiner eigenen Praxis. Eine 62jährige Patientin kam mit einer subkapitalen Humerusfraktur mit Abriss des Tuberculum maius zur Behandlung, also einer schultergelenksnahen Oberarmfraktur. Bereits bei ihrem Eintreffen war die technische Diagnostik bis zum Anschlag ausgereizt, es lagen ein Computertomogramm einschließlich einer zweiten Serie mit Kontrastmittel sowie ein Kernspintomogramm vor. Das Tuberculum maius wies eine geringe Dislokation von wenigen Millimetern auf. Bei einem solchen Verletzungsmuster sollte man eine operative Refixation mit Verschraubung des Fragments anstreben. In diesem Fall hatte ich jedoch gute Gründe, die allein auf meiner Erfahrung mit dem Ausgang solcher Operationen bei solchen Patientinnen beruhten, zunächst einmal einen konservativen Therapieversuch vorzuschlagen. Nach drei Monaten intensiver Physiotherapie wurde klar, dass kein Erfolg eintrat. Die Patientin wurde in eine unfallchirurgische Klinik eingewiesen, operiert, und nach weiteren drei Monaten kam es zu einer erträglich guten Ausheilung. Weitere drei Monate später erhielt ich ein Schreiben der Krankenkasse des Inhalts, dass ich es versäumt hätte, die Patientin einer zeitnahen operativen Korrektur zuzuführen. Man gedenke, mich für die dreimonatige konservative Therapie in Regress zu nehmen. Dem Schreiben beigefügt war ein Gutachten des MDK mit der abschließenden Feststellung, dass jede andere als die operative Therapie dieser Verletzung nicht hätte durchgeführt werden dürfen. Der MDK-Arzt hatte die Patientin nie selbst gesehen, geschweige denn untersucht. Nun ist also ein Haftpflichtfall daraus geworden, der Prozess läuft. Diese Form der Anwendung von Leitlinien macht die Ärzte zu Schuldigen an Therapie-Misserfolgen.

Leitlinien werden von Experten erstellt. Aber auch diese Leitlinien-Experten haben einen Kontext, und diese Feststellung ist schwerwiegend. Hierzu wieder zwei Beispiele:

Im Dezember 2007 veröffentlichte die Zeitschrift »Arthritis Research & Therapy« eine Analyse der Leitlinien zur Behandlung der Kniegelenks-Arthrose. Die erste Überraschung war, dass es sechs Leitlinien gab. Das allein schon widerspricht eigentlich jedem Leitlinien-Konzept. Die zweite Überraschung aber war, dass alle sechs Leitlinien nur eine Minderheit der 23 AGREE-Kriterien erfüllten. Die AGREE-Kriterien muss man sich als eine Art Leitlinie für Leitlinien vorstellen, mit der man die Qualität und die Aussagekraft von Leitlinien überprüfen kann. Das Geheimnis dieses miserablen Ergebnisses liegt darin, dass sich nur in einer einzigen der sechs Arthrose-Leitlinien ein Hinweis auf die Unabhängigkeit der Verfasser fand: Leitlinien werden von Menschen erstellt, die wir Experten nennen, Experten arbeiten aber nicht in einem luftleeren Raum. Gerade die moderne universitäre Forschung ist auf eine tiefe und untrennbare Weise mit der Pharma- und Geräteindustrie verbunden. Leitlinien ermöglichen der Gesundheitsindustrie eine direkte Einflussmöglichkeit auf die tägliche ärztliche Praxis.

Das zweite Beispiel: Wissenschaftler und akademische Gremien, medizinische Experten und Entscheidungsträger sind Zielobjekte von Einflussnahmen. Insbesondere Pharma-Unternehmen bauen eine Truppe von hochangesehenen Universitäts-Experten auf, finanzieren Stiftungen, Forschungsprogramme und Lehrstühle und bezahlen medizinische Zentren zur Durchführung klinischer Studien. Auf diese Weise hat in den USA eine Gruppe staatlich bestellter Experten im Mai 2003 die Leitlinien zur Behandlung des Bluthochdrucks neu definiert. Neun der elf Mitglieder dieser Expertengruppe hatten finanzielle Beziehungen zu Firmen, die von der neuen Leitlinie direkt profitierten. Es lässt sich leicht berechnen, wie viele Millionen Menschen man zusätzlich zu Hochdruck-Kranken erklären kann, wenn man den systolischen Grenzwert nur um 5 oder gar um 10 mmHg[1] absenkt. Im Juli 2004 wurde von einer ähnlichen Expertengruppe die Leitlinie zur Hypercholesterinämie revidiert. Danach waren mit einem Schlag acht Millionen US-Bürger zu Patienten geworden, wobei man wissen muss, dass diese Leitlinie schon einige Zeit zuvor »überarbeitet« worden war, womit schon einmal etwa 23 Millionen US-Amerikaner über Nacht zu behandlungsbedürftigen Patienten geworden waren. Mit der Leitlinien-Medizin ist eine Expertengläubigkeit verbunden, die blind macht für die Abhängigkeit und Auftraggeber dieser Experten.

Nur zwei Drittel der Studien, die in 338 in den USA untersuchten Leitlinien zu Grunde gelegt wurden, waren randomisierte Doppelblind-Stu-

---

1 Der Blutdruck wird – am Oberarm gemessen – in der Einheit »Millimeter Quecksilbersäule« (mmHg) als Druckdifferenz gegenüber der Atmosphäre angegeben.

dien[2], aber auch diese waren in ihrer Mehrzahl nur von niedriger wissenschaftlicher Qualität aus dem Blickwinkel der evidence-based medicine[3], weil sie bei der Stichprobenauswahl, der Kriterienfestsetzung, der Wertung von Symptomen vor und nach der Behandlung voller Fehler waren. Damit werden Risikofaktoren und Ersatzparameter zum Fetisch, wie Blutzucker, Blutfette oder Blutdruckwerte. Für eine wirklich überzeugende Therapie-Empfehlung oder gar eine Leitlinien-Formulierung müssten solche Studien aber nicht Laborwerte, sondern patientenzentrierte, lebensnahe Effekte untersuchen, also z.B. Todesfälle, Herzinfarkte, Schlaganfälle, Lebensqualität. Über

---

2 Mit »randomisierten Doppelblindstudien« vergleicht man wirksame Medikamente mit Scheinmedikamenten. Probanden werden nach dem Zufallsprinzip ausgesucht, und sowohl der Untersucher als auch der Auswerter sind »blind« gegenüber dieser Zuteilung, womit eine größtmögliche Objektivität der Ergebnisse erreicht werden soll.

3 »Evidence-based medicine« ist eine Methode, um die Wertigkeit von wissenschaftlichen Aussagen in der Medizin festzulegen. Niedrigste Evidenz hat dabei die Erfahrung des einzelnen Arztes, höchste Evidenz hat die randomisierte Doppelblindstudie mit maximal vielen Probanden, durchgeführt möglichst an mehreren großen wissenschaftlichen Zentren (»multicenter-studies«).

die Hälfte der Leitlinien-Studien erfüllen unter dem Strich diese selbst gesetzten Qualitätskriterien nicht. Das Konzept der Leitlinien könnte also – für sich alleine betrachtet – richtig, wichtig, vernünftig und hilfreich sein. Der Missbrauch im Zuge der Industrialisierung der Humanmedizin macht sie aber zu einem Teilschritt der Zerstörung.

Die schleichende, schrittweise und zumeist auch heimliche Durchsetzung von Marktprinzipien, von Konkurrenz, Privatisierung und Profitorientierung im Gesundheitswesen ist Aufgabe der vielen Lobbyisten in Parlamenten und Ministerien. Den Startschuss für diesen Paradigmen-Wechsel hatte die »rot-grüne« Bundesregierung mit der Regierungserklärung von Bundeskanzler Schröder am 14. März 2003 zur sogenannten »Agenda 2010« gegeben: »Wir werden Leistungen des Staates kürzen, Eigenverantwortung fördern und mehr Eigenleistung von jedem Einzelnen abfordern müssen«. Dabei wurde die Regierung tatkräftig von der Opposition unterstützt. Mit der Parole von der »Förderung der Eigenverantwortung« der Bürger wurde der tatsächliche rapide Sozialabbau umetikettiert: Die Einführung der »Praxisgebühr«, die Erhöhung von Zuzahlungsbeträgen verschiedenster Art, die Einführung eines Selbstkostenanteils von zwei Prozent für Kranke, verbunden mit einer Kürzung des Leistungskataloges der Gesetzlichen Krankenversicherung, senkte zwar den Krankenkassenbeitrag, hebelte dabei aber das Solidarprinzip aus. Erstmals wurde damit ein spürbarer Teil der Risiken, die mit Krankheit verbunden sind, von der Solidargemeinschaft auf den betroffenen Kranken umgeladen. Und mit der Einführung des Gesundheitsfonds zu Beginn des Jahres 2009 wurde der Arbeitgeberanteil an den Krankenkassenbeiträgen eingefroren; jedwede zukünftige Erhöhung werden alleine die Arbeitnehmer bezahlen müssen.

Ausgedacht haben sich die »neue« Politik weder Parteien noch Parlamente. Denn das vordringliche Ziel von Politikern ist ihre Wiederwahl. Weitblickende Konzepte entstehen an anderen Orten, zum Beispiel in großen, personell und finanziell gut ausgestatteten Think-Tanks von »Stiftungen« und werden durch konsequente langfristige Lobbyarbeit in die Parteiprogramme, in die Ministerialvorlagen und in die Parlamentsentscheidungen hineingetragen. Besonders erfolgreich hat sich in der Sozialpolitik der letzten zehn Jahre die Bertelsmann-Stiftung betätigt, die das völlige Zurückdrängen des Staates aus allen Bereichen des sozialen Lebens und die Individualisierung der sozialen Probleme und Konflikte unter dem irreführenden Euphemismus »Eigenverantwortung« auf ihre Fahnen geschrieben hat. Und deswegen sind die einzelnen politischen und gesetzgeberischen Schritte, isoliert betrachtet, mitunter so unverständlich. Erst über die lange Zeit betrachtet wird so aus den Scheibchen eine Wurst.

Das aktuellste und gefährlichste Teilstück des Zerstörungsprozesses ist die elektronische »Gesundheits«-Karte, die mit Gesundheit so viel zu tun hat wie ein Wolfsrudel mit dem Hüten von Schafen. Spätestens jetzt müsste die Öffentlichkeit aufwachen. Neben ICD, DMP, DRG und Leitlinien gehört auch die elektronische »Gesundheits«-Karte zum Industrialisierungsprozess, in der sich der ganze Irrsinn, die ganze Dummheit und die ganze Macht der Profiteure materialisieren. Diese Karte macht deutlich, was Politiker, Betriebswirtschaftler und Informatiker unter Medizin verstehen, und wie sie die Humanmedizin verändern wollen, damit es zu einer Passung zwischen Medizin und Kommerz kommen kann: Der Dienstleister Arzt und der Kunde Patient müssen überwacht und gesteuert werden. Zu diesem Zweck ist eine zentrale Datenspeicherung unverzichtbar. Auch wenn der Deutsche Ärztetag im Mai 2009 zum dritten Mal hintereinander mit großer Mehrheit die Einführung der elektronischen Gesundheitskarte ablehnte: Die Gesundheitspolitiker einschließlich der Ärztefunktionäre scheinen sich davon nicht beirren zu lassen und arbeiten stetig an dieser Karte weiter, die jetzt schon ein Millionengrab geworden ist, und für die einige Milliarden Euro fest eingeplant sind.

Aus welchem Blickwinkel also man auch immer auf die nicht enden wollende Reihe der Gesundheitsreformen schaut: Reformiert wird nicht Gesundheit, reformiert wird vielmehr der Zugang von Investoren zur rasant wachsenden Gesundheitsindustrie, und reformiert heißt erleichtert, Schritt für Schritt. Und deswegen gilt: Nach der Gesundheitsreform ist vor der Gesundheitsreform.

Ich habe in den vergangenen dreißig Jahren oft die Erfahrung machen dürfen, wie schön Medizin sein kann. Umso trauriger und wütender macht es mich, wenn die Bedingungen für eine gute Medizin täglich schlechter werden. Manchmal entsteht aber doch so etwas wie Hoffnung. Da sind die Reformstudiengänge einiger Universitätskliniken, die integrierten Versorgungskonzepte für chronisch Kranke, die Hospizbewegung, die wiederholten und von den Funktionären dennoch ignorierten Mehrheitsbeschlüsse des Deutschen Ärztetages gegen die Einführung der elektronischen Gesundheitskarte, und vor allem: Die vielen Ärzte, Schwestern und Pfleger, die an dem Sinn ihres Berufes festhalten und sich an vielen Orten, in Praxen, Krankenhäusern und anderen Institutionen, individuell oder organisiert, gegen die Zerstörung der Humanmedizin und des solidarischen Gesundheitswesens wehren.

Propaganda

Egal, wo und wann man mich ins Diskutieren verwickelt: Immer dieser gleiche ungläubige Blick. Immer dieses gleiche erstaunte Nachfragen. Am Ende immer dieses leichte Kopfschütteln, meist zustimmend, oft aber auch weiter zweifelnd. Das soll stimmen, was er da erzählt hat? Dabei sind es immer wieder die gleichen drei Lügen, um die jede Diskussion über die Probleme unseres Gesundheitswesens kreist.

Lüge 1: Es gibt eine Kostenexplosion im Gesundheitswesen. Falsch. Der Anteil der Kosten für das Gesundheitswesen am Bruttoinlandsprodukt (BIP) ist in unserem Land seit Jahrzehnten konstant, schwankt gering um 10 %. Die finanziellen Probleme der Sozialsysteme sind nicht wegen einer »Kostenexplosion« eskaliert, sondern hauptsächlich wegen der Einnahmeeinbrüche durch die hohe Arbeitslosigkeit und unzureichende

Lohnerhöhungen, denn Sozialbeiträge sind an die Löhne gekoppelt.

Lüge 2: Deutschland hat zu hohe Lohnnebenkosten. Falsch. Ein Blick auf einschlägige Statistiken zeigt, dass Deutschland im unteren Mittelfeld liegt. Dennoch wird der Sozialabbau mit diesem Argument vorangetrieben. Seit Einführung des Gesundheitsfonds zu Beginn dieses Jahres ist dieses Argument besonders dreist, denn der Arbeitgeberbeitrag wurde auf 7 Prozent eingefroren. Jede Erhöhung geht ab sofort alleine zu Lasten der Arbeitnehmer.

Lüge 3: Die Überalterung unserer Gesellschaft macht das Gesundheitswesen zunehmend unbezahlbar. Falsch. Keine Talkshow ohne diesen Unfug, kein Gesundheitsexperte, der diese Karte nicht an geeigneter Stelle zieht. Richtig ist: Jeder Mensch verursacht den Löwenanteil der Gesundheitskosten im Laufe seines ganzen Lebens fast immer im letzten Jahr vor seinem Tod. Es ist dabei nicht nur völlig gleichgültig, ob man mit 40 oder mit 80 Jahren stirbt, sondern es ist sogar umgekehrt: Je jünger man zum Zeitpunkt seines Todes ist, desto intensiver sind die medizinischen Anstrengungen, umso höher also auch die Kosten. Und wie wir alle wissen, stirbt der Mensch nur einmal.

Und wieder rauscht es im Blätterwald, denn die Ausgaben für das Gesundheitswesen sind im Jahr 2007 mit 252,8 Milliarden um 7,8 Milliarden oder 3,2 % gestiegen! Geht sie also munter weiter, die Propaganda mit der sogenannten »Kostenexplosion«? Was dabei wieder nicht beachtet wird: Anteilig am BIP sind die Kosten sogar gesunken, von 10,5 % auf 10,4 %.

Man könnte das solidarische Gesundheitssystem verbessern, es schützen und ausbauen, statt es mit der ständigen Wiederholung der immer gleichen Lügen der Zerstörung preiszugeben. Das aber wäre den privaten Investoren sicher nicht recht.

Dick und Doof

Die Deutschen sind zu dick! Das hätten wir nicht gedacht, dass wir mit unserem Körpergewicht in Europa an der Spitze liegen, oder? Zwar wird nirgends eine seriöse Quelle für diese Neuigkeit angegeben, und böse Zungen behaupten sogar, die Studien seien von Pharmafirmen gesponsert worden, die Appetitzügler herstellen. Dennoch: Die Schlagzeilen sind erobert, die Regierung plant Kampagnen für »gesünderes Essen« und mehr Bewegung, es kommt der Nationale Aktionsplan »Fit statt Fett« mit Karacho auf uns zu. Die Dicken sind in der Defensive.

Aber was haben die Dicken eigentlich verbrochen? Weswegen werden sie plötzlich zum Ziel nationaler Umerziehung? Wir hören: Wer dick ist, erkrankt wesentlich häufiger an Diabetes. Wer dick ist, hat ein erhöhtes Risiko für Bluthochdruck, für Herz- und Kreislaufkrankheiten. Den Dicken drohen häufigere Schlaganfälle, Arthrosen oder Depressionen. Laut WHO gehört die Fettleibigkeit zu den häufigsten Todesursachen in der westlichen Welt.

Jetzt rücken wir dem Kern der Sache schon näher. Die Ökonomen kommen zum Zuge. Die Dicken kosten Geld. Wenn die Dicken nicht so dick wären, hätten wir in Deutschland mindestens zehn Milliarden Euro mehr in den knappen Kassen. Und weil die Dicken bekanntlich selbst daran schuld sind, dass sie so dick sind, weil sie unbeherrscht sind und viel essen, weil sie faul sind und sich nicht bewegen, werden sie jetzt von zwei Seiten in die Zange genommen.

Von der einen Seite kommt die Kampagne »Fit statt Fett«. Wer kann dagegen ernsthafte Einwände haben? Von der anderen Seite kommt neuerdings die Strafandrohung für die ganz Uneinsichtigen dazu: »Wir müssen Versicherte mit Adipositas (Fettleibigkeit) zur Kasse bitten«. Der Berufsverband der Kinderärzte will den Druck auf die Fettleibigen erhöhen: »Wenn ihr jetzt nicht vernünftig werdet, dann müsst ihr zahlen.« Der Vorsitzende der Kassenärztlichen Vereinigung in Bayern schlägt sogar vor, übergewichtige Kinder aus der Familienversicherung auszuschließen. In Zukunft wird also vielleicht nicht nur die GEZ an der Tür klingeln und die Anzahl Ihrer

Fernseher und Radios kontrollieren, sondern auch die GKZ (Gewichts-Kontroll-Zentrale) der Krankenkassen steht vor der Tür und will in Ihren Kühlschrank schauen und den Body-Mass-Index Ihrer Kinder messen.

Nun hat man uns ja seit langem schon Schritt für Schritt daran gewöhnt, dass im Gesundheitswesen das Solidarprinzip immer mehr durch das Verursacherprinzip ersetzt wird. Was einmal mit 50 Pfennig Rezeptgebühr angefangen hat, kann sich für chronisch Kranke inzwischen zu einer vierstelligen Eurosumme für Zuzahlungen bei Arztkonsultationen, Medikamenten, Physiotherapie, Krankenhausaufenthalten und Rehabilitationsmaßnahmen ausgewachsen haben.

Wenn aber jetzt auch noch die Vorbeugung zur Pflicht wird, wenn sich unter dem Deckmantel der Prävention der Staat ins Privatleben einmischt, dann sind den Phantasien keine Grenzen mehr gesetzt. Es sind ja nicht nur die Dicken doof und selbst schuld. Warum berechnet man zukünftig den Krankenkassenbeitrag nicht gleich nach der Höhe des Blutzuckers, des Zigarettenkonsums oder des Blutdrucks?

Vorsicht Vorsorge

Wenn man heutzutage erkrankt, muss man sich inzwischen Fragen gefallen lassen. Die neueste – gesetzlich verankerte – Frage ist, ob man alles getan hat, um die Versichertengemeinschaft vor den entstehenden Krankheitskosten zu bewahren. Die häufigste Frage ist: Haben Sie an den Vorsorgeuntersuchungen teilgenommen? Per Gesetz ist der Versicherte ja seit dem 1. April 2007 »zu gesundheitsbewußtem und eigenverantwortlichem Verhalten« verpflichtet, sonst setzt es möglicherweise Strafzahlungen. Mit Vorsorgeprogrammen wird der gesunde Bürger ins Visier genommen.

Das Brustkrebs-Screening ist umstritten, das Darmkrebs-Screening ist umstritten, das Hautkrebs-Screening ist umstritten. Das scheint sich inzwischen auch bei unseren Gesundheitspolitikern herumgesprochen zu haben, die neuerdings nicht mehr von der Vorsorgepflicht, sondern nur noch von einer »Beratungspflicht über Vorsorge«

sprechen. Ernst zu nehmende Untersuchungen haben nämlich gezeigt, dass Vorsorge mehr Schaden anrichten kann, als sie tatsächlich Schaden verhindert.

Nun wird noch eine Bastion erschüttert, an die wir eigentlich alle glauben, nämlich die von der gesunden Ernährung. Wenn man sich beispielsweise mit Vitamin D und Kalzium vor Darmkrebs und Knochenbrüchen schützen will, nimmt lediglich die Anzahl der Nierensteine zu, Darmkrebs und Knochenbrüche treten unverändert häufig auf. Wenn man sich beispielsweise mit viel Obst und Gemüse und dabei fettarm und ballaststoffreich ernährt, ändert sich gar nichts an der Zahl der eintretenden Herz-Kreislauferkrankungen, an der Häufigkeit von Brustkrebs oder Darmkrebs – immerhin sind dabei fast 50 000 Personen über acht Jahre beobachtet worden. Und die langfristige Einnahme von bestimmten Vitaminpillen steht im Verdacht, mit einer Zunahme von Lungenkrebs und einer erhöhten Gesamtsterblichkeit verbunden zu sein, das Risiko von erneuten Infarkten steigt dabei sogar an.

Zu allem Überfluss: Wenn man die Lebenserwartung mit dem hochmodischen Body-Mass-Index (Körpergewicht in Kilogramm geteilt durch das Quadrat der Körpergröße in Metern) in Beziehung setzt, findet man zur allgemeinen Überraschung heraus, dass in der Lebensmitte ein BMI von rund 27 und jenseits des 70. Lebensjahres ein BMI von 27 bis 35 das längste Leben verspricht. Eher schon finden sich erhöhte Sterberaten bei Untergewicht (BMI unter 18).

Mit Vorsorge will man Schaden in der Zukunft verhindern oder wenigstes vermindern. Es ist für den modernen Menschen anscheinend nur schwer zu ertragen, dass die Zukunft sich trotz allen Fortschritts als weitgehend unbeeinflussbar erweist, zumindest soweit es um Krankheit und Tod geht.

Kassensturz

Eine junge Frau konsultierte nacheinander acht Schönheitschirurgen. Und sie bekam acht Mal guten Rat: drei Mal Aufspritzen der Lippen, drei Mal Fett absaugen, ein Mal Brustvergrößerung: »200 Gramm Silikon könnte man pro Seite reintun«. Jeder Körper kann verschönert werden. Nur einer der acht Konsultierten schüttelte den Kopf: sie solle doch alles lassen, wie die Natur es geschaffen habe.

Was die acht Spezialisten nicht wussten: Es handelte sich um eine frisch gekürte Schweizer Schönheitskönigin, die im Auftrag eines Fernsehmagazins mit dem sinnigen Titel »Kassensturz« unterwegs war. Die Frage war: Was empfehlen Schönheitschirurgen einer Frau, deren Körper gerade von einer Jury als besonders »schön« klassifiziert worden war?

Das Resultat verwundert nicht wirklich. Beim Bäcker gibt es Brot und Brötchen, beim Schönheitschirurgen Botox und Silikon. Dort ist der Kunde König. Der Kunde bekommt, was er bestellt. Der Kunde ist freiwillig gekommen.

Für einen Patienten trifft das alles nicht zu. Patient wird man, weil man krank geworden ist. Man geht nicht freiwillig zum Arzt. Und da fällt mir eine andere Studie ein, auch aus der Schweiz. Die ist nun wirklich beunruhigend: In der Annahme, dass es kaum besser informierte Patienten geben kann als die Ärzte selbst, wurde die Häufigkeit sieben chirurgischer Eingriffe (Entfernung von Rachenmandeln, Blinddarm, Gallenblase, Gebärmutter, Hämorrhoiden sowie Ausschabung und Leistenbruch) in der gesamten Schweizer Bevölkerung mit der Häufigkeit bei Schweizer Ärzten und deren Angehörigen verglichen. Das erschütternde Ergebnis: In der Ärztegruppe wird bis zu 80 Prozent weniger operiert als in der Gesamtbevölkerung. Demnach dürfte das die eigentlich notwendige Operationsrate sein. Vergleichbar niedrige Operationszahlen fanden sich nur noch in der Gruppe der Anwälte.

Als Patient kann man noch so viel im Internet suchen, Bücher lesen, Freunde fragen. Wenn es darauf ankommt, nutzt das alles nichts, dann muss man sich auf den seriösen Rat seines Arztes verlassen können und auch darauf, dass dieser

Rat ohne monetäre Hintergedanken gegeben wird. Aber wie schafft man es, in die Gruppe aufzusteigen, wo nur das Notwendige gemacht wird? Wer kann schon einen Arzt heiraten? Oder sich adoptieren lassen? Oder soll man so tun, als sei man Anwalt?

Ich rate meinen Patienten, in allen Zweifelsfällen den Operateur zu fragen, ob er die vorgesehene Operation bei sich selbst auch vornehmen würde, oder bei seinem Ehepartner oder bei seinen Kindern.

E-Health

EDV in der Medizin ist ein Ärgernis, wenn sie die Kommunikation stört. Wer kennt nicht das dumme Gefühl, wenn der Arzt seinem Bildschirm mehr Zeit widmet als seinem Patienten. »Volle Konzentration auf die Daten« statt volle Konzentration auf den Patienten: Arzt-Daten-Beziehung statt Arzt-Patient-Beziehung.

Ein kleiner Schuljunge sitzt weinend in meiner Praxis und kann seinen linken Arm nicht mehr bewegen. Seine Eltern trösten ihn. Er war im Schulhof von einem Klettergerüst gestürzt. Die Röntgenuntersuchung ergab einen komplizierten, mehrfachen, ellbogennahen Speichenbruch. Es ist dies keine gewöhnliche Verletzung, und über die korrekte Behandlung bin ich unsicher. Vielleicht ist doch eine Operation nötig? Jetzt kommt mir die Elektronik zu Hilfe: Das neue digitale Röntgen macht's möglich. Ein Anruf bei einem Kollegen in einer weit entfernten Klinik, eine

Email mit den Röntgenbild-Dateien, kurz danach der Rückruf und die Diskussion der bestmöglichen Therapie: Es vergehen keine zehn Minuten, bis der Oberarmgips angelegt werden kann. Ich habe das gute Gefühl, diese Behandlung mit einem versierten Spezialisten besprochen zu haben. Der Arzt freut sich, der Patient freut sich auch. Statt stundenlang in immer neuen Wartezimmern gesessen zu haben, geht die Familie jetzt zusammen ein Eis essen.

EDV in der Medizin ist ein Segen, wenn sie die fachliche Kommunikation erleichtert. Aber zum fatalen Irrweg wird die EDV, wenn sie Kommunikation in der Medizin ersetzen will. E-Health heißt dieser böse Traum: Electronic Health. Dass der alte Krankenschein schon vor vielen Jahren von der Versichertenkarte abgelöst wurde, ist längst Gewohnheit. Nun wird die wahnsinnige Idee diskutiert, alle medizinischen Daten, alle Diagnosen, Arztbriefe, Rezepte und Behandlungen mit Hilfe einer elektronischen »Gesundheitskarte« in mehreren gigantischen Zentralrechnern abzuspeichern und jederzeit abrufen zu können. Dem haben inzwischen sehr viele ärztliche Organisationen zum Glück eine Absage erteilt. Wofür sollte das auch gut sein außer für die Gesundheit der Informationstechnologie-Branche: es ist von mehr als vier Milliarden Euro die Rede, die das kosten soll.

E-Health gibt es nicht. Kein Mensch wird elektronisch gesund. Es ist zwar eine faszinierende Idee, Patienten mit einer Maschine kommunizieren zu lassen. Aber daraus wird rasch eiskalte Science Fiction. Im Grunde handelt es sich nur um einen weiteren Schritt auf dem Weg zur Industrialisierung der Medizin. Und dieser Irrweg ignoriert, dass die Medizin nur mit lebendiger Kommunikation zum Erfolg kommen kann. Medizin ist Beziehungsarbeit.

DMP

Nein, es geht nicht um die Deutsche Mittelstands-Partei. Auch ist nicht der Digital Media Player gemeint. Es geht hier um eine der vielen neuen Abkürzungen im Alltag von Arzt und Patient, alle englisch, alle sehr wichtig: ICD, DRG, EBM, CMI usw.

DMP – das heißt Disease Management Program. Die Idee ist einfach und überzeugend: In der Behandlung einiger Volkskrankheiten, insbesondere der Zuckerkrankheit und des Bluthochdrucks, ist mit den Jahren ein regelrechter Wildwuchs entstanden – hohe Kosten, wenig Effizienz, jeder kann machen, was er will. Der Umgang mit der Krankheit (Disease) muss besser kontrolliert werden (Management). Damit alle mitmachen, legt man ein Programm auf. Der Patient, der sich bei diesem Programm einschreibt, muss die Praxisgebühr nicht mehr bezahlen, spart also maximal 40 Euro im Jahr. Er muss regelmäßig in der Praxis erscheinen und an Schulungen teilnehmen. Der Arzt, der mitmacht, muss an genau festgelegten Fortbildungen teilnehmen und bei jedem Patienten Formulare ausfüllen, immer wieder. Der Erfolg der Behandlung wird ebenso regelmäßig kontrolliert: Laborwerte wie Blutzucker oder Blutfette, Körpergewicht, Blutdruck usw.

Bis heute haben sich drei Millionen Patienten in die sogenannten »Chronikerprogramme« eingeschrieben, davon zwei Millionen Diabetiker. Aber irgendetwas will einfach nicht so funktionieren wie gewünscht. Zehn Millionen Dokumentationsbögen liegen einer ersten Auswertung zugrunde, aufeinandergestapelt ergibt das einen Kilometer Papier: Bürokratie zum Anfassen. Das Einzige, was man jetzt sicher weiß: Immer mehr Patienten müssen aus den Programmen ausgeschlossen werden, immer weniger Patienten schreiben sich ein. Ob sich die Behandlung für die Patienten wirklich verbessert hat, kann nach vier Jahren immer noch niemand sagen, allein schon deshalb, weil es keine Kontrollgruppe gibt. Man darf gespannt sein, wann und wo die Ursachen für diese Schwierigkeiten gefunden werden.

Vielleicht, das wäre die naheliegendste Idee, profitieren nur diejenigen Patienten wirklich von den Programmen, die auch ohne die DMPS gute

Behandlungsergebnisse aufgewiesen hätten: die sowieso schon Gesundheitsbewußten, Kooperativen, Aufnahmebereiten. Diejenigen Patienten, die das Programm am nötigsten hätten, machen einfach nicht mit.

Vielleicht liegt das Problem aber auch viel tiefer: Nicht mehr der Kranke ist Gegenstand der Heilkunst, sondern die Krankheit ist Gegenstand eines Programms. Vielleicht ist der Unterschied zwischen einem kranken Menschen in der Arztpraxis und einem defekten Werkstück in der Industrieproduktion doch größer als gedacht.

Märchen

In einer chirurgischen Praxis fließen nicht immer nur Blut und Eiter, gibt es nicht immer nur Spritzen und Schmerz. Manchmal kann man auch Glück erleben.

Die 86jährige Patientin hatte nach dem Krieg zwei Kinder großgezogen, was man damals noch nicht »alleinerziehend« nannte, sondern »Kriegerwitwe«. Arbeiten musste sie immer, arbeitslos war sie zu ihrem Glück nie. Auf die bescheidene Rente hatte sie sich gefreut, doch bald machten die Gelenke nicht mehr mit. Am schlimmsten quälten sie die Hüftgelenke. In letzter Zeit ging sie nur noch an Krücken, sie kam kaum noch aus ihrer Wohnung.

So kam sie vor drei Jahren in meine Praxis, hatte Röntgenbilder dabei und wusste nicht mehr weiter. Ein künstliches Hüftgelenk war die einzige Lösung. Wahrscheinlich brauchte sie sogar zwei. »Zahlt das denn die Kasse noch, in meinem

Alter?« – ihre Frage machte mich sprachlos. So weit waren wir schon gekommen? Die drei großen Lügenmärchen fielen mir ein, mit denen die Demontage unseres solidarischen Gesundheitswesens begründet wird: die Überalterung, die Kostenexplosion und die Lohnnebenkosten.

Wenn man sich erst einmal dazu durchgerungen hat, den Lauf des Lebens in Euro und Cent zu berechnen, stellt es sich rasch als Märchen heraus, dass die Zunahme von Alten und Hochbetagten zunehmend höhere Kosten im Gesundheitswesen verursacht. Im Gegenteil: Über ein ganzes Leben betrachtet, verursacht der Mensch als Patient den Löwenanteil der Krankheitskosten in den letzten eineinhalb Jahren vor seinem Ableben, unabhängig von seinem Alter. Umgekehrt gilt sogar: Je jünger der Patient, desto höher diese Kosten. Dazu kommt: Rentner zahlen auch kräftig ein ins Solidarsystem der Krankenversicherung! Man muss also noch nicht einmal ein guter Mensch sein, um die Diskussion über die Einschränkung der medizinischen Leistungen in hohem Lebensalter widerwärtig zu finden. Aber wenn man auf jemanden trifft, der so argumentiert, dann weiß man: Hier wird gelogen! Da stellt sich dann nur die Frage nach dem Motiv. Uninformiertheit? Soziale Kälte? Dummheit? Meistens stecken politische Absichten dahinter!

Zurück zum Glück: Meine Patientin kommt heute ohne Krücken in die Sprechstunde. Zwei neue Hüftgelenke im Abstand von acht Monaten. Im Krankenhaus mitten in ihrem geliebten Nordend hatte man sie operiert. Keine Schmerzmittel mehr, sie kann wieder einkaufen, sich verabreden: »Herr Doktor, es ist wie ein neues Leben, ein Geschenk!«

So schön kann Chirurgie sein.

Vogelgrippe

»306 Vogelgrippefälle am Kyffhäuser« konnte man im Juli 2007 lesen. Im August waren es dann schon 160 000 Enten, die in einem Geflügelbetrieb in Wachenroth getötet und verbrannt wurden. Anfang September mussten noch einmal über 200 000 Enten in einer Mastanlage dran glauben. Kein Ende in Sicht. Aber seltsam: Keine Minister vor Ort, keine Bundeswehr, keine Sondersendungen. Drohte da nicht gerade noch ein unheimliches Horrorszenario, womöglich eine Massenepidemie über uns hereinzubrechen?

Wie schnell sich die Zeiten ändern! Im Februar 2006 wurden zwei (!) tote Schwäne in Rügen positiv auf das Vogelgrippevirus H5N1 getestet. Der Katastrophenfall wurde ausgerufen. Die Bundeskanzlerin Merkel eilte zum Krisenstab. Die Bundeswehr rückte an. Man trug weiße Schutzanzüge mit Helm und Atemschutz. Die Medien überschlugen sich, wir waren alle live vor Ort. An der Ostseeküste wurde Katastrophenalarm ausgelöst. Die Gesundheitsminister kamen zu Sondersitzungen zusammen. ABC-Spezialisten der Bundeswehr und das Technische Hilfswerk errichteten Seuchenschutzsperren. Gesundheitsministerin Schmidt kritisierte den mangelnden Vorrat der Länder an »Grippemitteln«. Ende Februar dann die Erlösung: Millionen Packungen Tamiflu wurden in die Depots eingelagert. Mehrere hundert Millionen Euro hat das den Steuerzahler gekostet. Endlich waren wir in Sicherheit!

Nochmal eines nach dem anderen: In Bayern werden also über 300 000 Enten getötet. Wie muss man sich solche Tierfabriken vorstellen? Was essen wir eigentlich jeden Tag? Zu einigen Todesfällen durch die Vogelgrippe ist es bisher in Ägypten, Aserbaidschan, China, Djibuti, Kambodscha, Irak, Indonesien, Laos, Thailand, Türkei und Vietnam gekommen. Millionen Menschen sterben aber jedes Jahr an Hepatitis, Tuberkulose, AIDS und Malaria. Sollte ein Mensch an der Vogelgrippe erkranken, ist eine Behandlung bis heute nicht möglich. Für Tamiflu ist höchstens eine Verkürzung der Krankheitsdauer bei ansonsten gesunden Menschen nachgewiesen. Tamiflu steht aber im Verdacht, verheerende Nebenwirkungen auszulösen: Aus Japan kommen Berichte über Verwirrtheitszustände und Selbstmorde von Jugendlichen nach Tamiflu-Einnahme. Anfang 2007 meldete Hoffmann-La Roche, der Tamiflu-Hersteller, neue Umsatzrekorde. Im August 2007 verkündete der gleiche Konzern, die Tamiflu-Produktion nun auf ein Minimum zu drosseln.

Mit medienwirksamer Hysterie dürfen wir also erst wieder rechnen, wenn das Ablaufdatum der Lagerbestände näher rückt. Solange wird still und leise weiter gekeult. Ein Schelm, wer Böses dabei denkt.

Selbst schuld

Seit der allerletzten der unzähligen Gesundheitsreformen gibt es eine ganz und gar neue Kategorie von Diagnosen: die »selbstverschuldeten« Krankheiten des § 294a im 5. Sozialgesetzbuch. Für die dadurch verursachten Behandlungskosten kommt die Solidargemeinschaft nicht mehr auf, die Kosten muss der Kranke selbst zahlen. Das leuchtet doch jedermann sofort ein.

Zum Beispiel: Da sucht jemand ein Piercing-Studio auf und läßt sich einen Ring in die Nase, den Nabel oder eine der Lippen einziehen. Oft geht das ja gut, aber wenn doch eine Vereiterung auftritt, ein Abszess oder eine lebensgefährliche Blutvergiftung, muß ich als behandelnder Chirurg den Patienten ab sofort persönlich zur Kasse bitten. Er ist schließlich selbst schuld. Oder: Da läßt sich jemand eine Tätowierung anbringen, am Rücken, am Arm oder an versteckteren Stellen. Das geht auch meistens gut. Aber wenn nicht:

Die Krankenkasse ist nicht mehr zuständig, der Patient ist schließlich selbst schuld. Oder: Da läßt sich jemand seine Brust vergrößern, sein Fett absaugen. Wenn das gut gegangen ist, reden wir nicht darüber. Aber wenn es zu Komplikationen kommt? Das muß jetzt auch selbst bezahlt werden. Schließlich hat den Patienten ja niemand gezwungen, sich zum Schönheitschirurgen zu begeben.

Aber weiter: Eine Frau geht zum Juwelier, läßt sich Ohrlöcher stechen. Es geht schief. Selbst schuld! Sie tragen modisches Schuhwerk und haben jetzt Fußschmerzen? Selbst schuld! Sie haben sich die Haare färben lassen, Ihre Kopfhaut ist allergisch geschwollen, hochrot und schmerzt? Selbst schuld! Sie essen zu viel, werden rund und fett, bekommen Diabetes, Bluthochdruck und werden gefäßkrank? Selbst schuld! Sie brechen sich beim Skifahren die Knochen oder sind gar beim Drachenfliegen abgestürzt? Selbst schuld! Sie rauchen, bekommen Lungenkrebs? Selbst schuld! Sie haben sich zu viel in der südlichen Sonne geräkelt? Hautkrebs? Selbst schuld! Sie steigen morgens in ihr Auto, fahren zur Arbeit, Sie verunglücken und gehören zu den Zehntausenden Schwerverletzten jedes Jahr? Selbst schuld?

Aber damit nicht genug. Die Gesundheitsreform wird nun schon wieder reformiert: Wir Ärzte müssen alle Patienten, die selbst an ihrer Krankheit schuld sind, ab 1.1.2008 »melden«. Wem? Den Krankenkassen. Ärzte als Hilfspolizisten.

Seit dem 1.1.2008 müssen Sie sich also fragen: Habe ich die Krankheit vielleicht selbst verschuldet? Wird der Arzt mich vielleicht »melden« müssen? Kann ich das dann selbst bezahlen? Tja!

Qualität

Jüngst wurden uns von klugen Köpfen die Frankfurter Krankenhäuser im »Leistungsvergleich« präsentiert: Feinsäuberliche Listen von operativen Eingriffen, Häufigkeiten, Komplikationsraten. Den »hilflosen« Patienten wurde weisgemacht, daß sie nun »nicht mehr allein auf Empfehlungen ihres Arztes angewiesen« sind. Was suggerieren solche Leistungsvergleiche? Ganz einfach: Ein gutes Krankenhaus führt eine Operation ausreichend oft durch und hat dabei eine niedrige Komplikationsrate. Das klingt einleuchtend, ist aber falsch.

Große Zahlen können ein schlechtes Zeichen sein: Im Krankenhaus Höchst wurden früher über 600 Blinddarmoperationen im Jahr durchgeführt. Eine beeindruckend hohe Zahl. Anfang der neunziger Jahre waren es nur noch rund 150: Man hatte erkannt, dass Patienten am Blinddarm operiert worden waren, die ganz andere, aber keine chirurgischen Probleme hatten. Bei den reinen OP-Ziffern war die Klinik natürlich früher viel besser. Wenn man aber weiß, was Chirurgie ausmacht, ist die Klinik natürlich jetzt besser, denn sie hat ihre Patienten vor unnötigen Eingriffen bewahrt.

Alles ist ständig im Wandel: Als ich vor 30 Jahren in der Chirurgie zu arbeiten anfing, wurde nahezu jeder Außenbandriß am Sprunggelenk operiert. Heute ist das einer der seltensten Eingriffe der modernen Unfallchirurgie. Die konservative Behandlung ist der operativen nicht unterlegen, man kommt auch ohne Operation zum Ziel. Betrachtet man nur die OP-Ziffern, erhält man also keinerlei Einblick in die wirkliche Qualität eines Krankenhauses.

Komplikationen sagen gar nichts: Ein Krankenhaus im Nordwesten Frankfurts bekommt einen neuen Chefarzt aus einer der renommiertesten chirurgischen Kliniken Deutschlands. Die Folge ist, dass ich ihm nun auch meine schwierigsten Fälle schicken kann, die ich bislang nach Heidelberg oder München überweisen musste. Natürlich ist die Komplikationsrate dort jetzt höher als irgendwo sonst. Nicht weil er der Schlechteste, sondern weil dieser Chirurg der Beste ist.

Chirurgie ist nicht gleich Operieren. Vor der Operation steht die Frage, ob und wie operiert werden kann, die sogenannte Indikation. Das sind oft schwierige Entscheidungsprozesse, biopsychosoziale Zusammenhänge muss man erfassen können. Und nach der Operation ist die chirurgische »Resozialisierung« Aufgabe des Arztes bei der Begleitung seiner Patienten, kommunikative Kompetenz ist gefragt. All das macht die Chirurgie aus, eben auch ihre Qualität. Da ist nichts oder nur sehr wenig Zählbares dabei. Eine chirurgische Klinik ist keine Autowerkstatt. Vertrauen Sie weiterhin der Empfehlung ihres Arztes. Wenn Sie unsicher sind, holen Sie sich eine zweite Meinung ein. Aber vergessen Sie Listen aller Art. Sie sind untauglich.

Dichter Nebel

Krankheiten und Unfälle können jeden jederzeit treffen. Ohne soziales Netz könnten sie den Einzelnen rasch in den Ruin führen. Die solidarische Krankenversicherung ist über 100 Jahre alt und hat viele Umwälzungen überdauert. Aber der Idee geht es nun endgültig an den Kragen. Die Veränderungen sind gewaltig, die Schritte sind klein. So bleibt das große Konzept dahinter mit Bedacht im Nebel: angeblich versteht keiner mehr, worum es geht – nicht einmal die Politiker. Dabei ist alles recht einfach. Auf der großen Nebelwand steht »Gesundheitsreform«. Es ist ein Stufenplan.

Die erste Stufe vollzog sich hinter einer Nebelwand namens »Eigenbeteiligung«. Begonnen vor Jahrzehnten mit einer winzigen Rezeptgebühr, Schritt für Schritt ausgeweitet und erhöht, sind es inzwischen erhebliche Summen, die einen chronisch kranken Patienten ernsthaft belasten. Ich habe schon Patienten in meiner Praxis, die mir ein notwendiges Rezept zurückgeben, weil sie die Zuzahlungen nicht mehr leisten können. Das ist die schrittweise Rückverlagerung des ökonomischen Risikos der Krankheit von der Solidargemeinschaft auf den Verursacher, den einzelnen Patienten. Das Solidarprinzip wurde ausgehöhlt, zerlöchert.

Die zweite Stufe trat im Januar 2008 in Kraft: Auf dieser Nebelwand stand »Eigenverantwortung«. Wer nicht alle 2 Jahre zur »Gesundheitsuntersuchung« geht, wer sich nicht in die »Chroniker«-Programme einfügt, wer die Angebote zur Früherkennung nicht wahrnimmt, der sollte bei einer späteren Erkrankung mit doppelt so hoher Zuzahlung rechnen. Dies war auch für Krebserkrankungen vorgesehen. Wer nicht zur Krebsvorsorge gegangen ist und dann an Krebs erkrankt, sollte das Doppelte zahlen müssen, obwohl sich Fachleute über den Nutzen dieser Vorsorge gar nicht einig sind. Das ist keine Aushöhlung des Solidarprinzips mehr, sondern das ist seine Zerstörung. Es ist die Steigerung des Verursacherprinzips: es ist die definitive Einführung des Schuldprinzips.

Und neuerdings werden sogar Krankenkassen-Wahltarife mit Selbstbehalt und Prämien bis 600 Euro bei Nicht-Inanspruchnahme des Arztes angeboten. Der gute Patient geht also erst gar nicht zum Arzt und freut sich auf seine Prämie. Wird es aber ernst, wird also doch ein Arzt oder gar das Krankenhaus gebraucht, dann wird es teuer. Die Verursacher mussten bisher »nur« zuzahlen, die Schuldigen sollten jetzt das Doppelte zuzahlen.

Widerstand ist aber nicht zwecklos! Weil die Empörung über diese skandalösen Pläne so breit war, musste die Pflicht zur Vorsorge in eine Pflicht zur Beratung über Vorsorge abgemildert werden. An der ordnungspolizeilichen Grundhaltung unserer Gesundheitspolitiker hat sich dadurch aber nichts geändert.

Drogenmafia

Nicht nur Frankfurt, Hamburg, Hannover, Köln, Bonn, Karlsruhe und München wollen es, sondern der ganze Deutsche Städtetag. Die Polizeipräsidenten wollen es. Caritas und Diakonisches Werk wollen es. Die CDU-Ministerpräsidenten wollen es, die SPD-Ministerpräsidenten auch. Die AIDS-Hilfe will es und der Paritätische Gesamtverband auch. Der Bundesrat will es. Das Gesundheitsministerium will es. Die Bundesregierung hat auch nichts dagegen. Die katholische Kirche will es, die evangelische Kirche auch. Ärzteverbände sind dafür. Das Bundesinstitut für Arzneimittel und Medizinprodukte kann jedoch immer nur zeitlich befristete Ausnahmegenehmigungen verlängern. Das Projekt läuft seit 6 Jahren. Es betrifft knapp 500 Schwerstkranke. Es handelt sich um die amtlich und ärztlich kontrollierte Abgabe von synthetischem Heroin (Diamorphin) an langjährig Süchtige, über 23jährige Schwerstabhängige in Ballungszentren, deren bisherige Therapieversuche erfolglos verlaufen waren.

Positive Studien aus Holland, der Schweiz und England werden längst durch wissenschaftliche Ergebnisse aus den deutschen Großstädten untermauert. Das Programm ist erfolgreich. Es ist der Methadon-Abgabe überlegen. Es hat zu einer Besserung des seelischen und körperlichen Gesundheitszustandes der Junkies geführt, soziale Integrationsprozesse wurden möglich, viele haben sogar einen Arbeitsplatz gefunden. Der Drogenschwarzmarkt wird ausgetrocknet, Beschaffungskriminalität und Prostitution nehmen deutlich ab.

Noch vor 10 Jahren habe ich in meiner chirurgischen Praxis in der Frankfurter Innenstadt fast täglich ausgemergelte Gestalten, die meisten von ihnen HIV-positiv, wegen Spritzenabszessen, Wundinfektionen und schweren Verletzungen behandeln und operieren müssen. Die »Druckräume« und das Methadon-Programm haben das reduziert, aber seit Beginn des Diamorphin-Programms kommt es praktisch nicht mehr vor.

Ethisch, moralisch, politisch, ökonomisch, sozial, wissenschaftlich und medizinisch ist die kontrollierte Diamorphin-Abgabe an schwerstkranke Drogensüchtige über jeden Zweifel erhaben. Es ist die letzte Chance für einen verlorenen Haufen von andernfalls rettungslos verlorenen Outcasts. Aber das synthetische Heroin müsste dafür als Medikament zugelassen werden. Eine Änderung des Betäubungsmittelgesetzes wäre nötig.

Ausgerechnet einige wenige Abgeordnete einer christlichen Partei versuchten das – bis vor kurzem leider erfolgreich – im Bundestag zu verhindern. Sie redeten vom »Kick auf Krankenschein«, vom »Staat als Drogendealer«, von der »Heroinfreigabe«. Das ist populistische Stimmungsmache auf Kosten schwerkranker Menschen »zweiter Klasse«, die keine Lobby haben. Das ist nicht nur schwer zu verstehen. Das ist menschenverachtend.

Im Mai 2009 hat der Deutsche Bundestag – bei Aufhebung des Fraktionszwanges für diese Abstimmung – endlich die dringend nötige Gesetzesänderung beschlossen, so dass nun die sogenannten »Schwerstabhängigen«, eingebettet in strengste Kontrollen und Beobachtungsprogramme, Diamorphin auf Rezept erhalten können.

Einsamkeit

Krankheiten tragen oft Namen, die an einen Arzt oder an eine Ärztin erinnern, die wichtige Entdeckungen gemacht haben. Oft sind es Nobelpreisträger. So kennt jeder Arzt den Morbus Crohn, die Virchow'sche-Trias oder die Einteilung von Art und Schweregrad der Herzrhythmusstörungen nach Lown.

Sie sind nach Bernard Lown benannt. Auch er ein Nobelpreisträger. Einer der berühmtesten Kardiologen der Welt. Sein größter Beitrag zur Heilkunde ist der Defibrillator, ohne den kaum eine Herzoperation, keine Wiederbelebung gelingen könnte. Jeder kennt dieses Gerät: Keine Arztserie ohne den dramatischen Elektroschock. Der Defibrillator hängt heute an jedem größeren Bahnhof oder Flughafen so selbstverständlich an der Wand wie Telefonapparat oder Feuerlöscher. Erstaunlicherweise hat Bernard Lown aber nicht den Nobelpreis für Medizin erhalten, sondern den Friedensnobelpreis. Die Ehrung galt der von ihm mit Evgenij Chazov gegründeten IPPNW, einer Ärzteorganisation gegen den Wahnsinn der atomaren Aufrüstung.

Vor einiger Zeit hatte ich das Glück, den 88jährigen in Boston besuchen zu können, zu Hause und in seiner Klinik, in der er bis heute einmal in der Woche tätig ist. Eine seiner kurzen, nachdenklichen Bemerkungen, nebenbei gefallen in einem Gespräch über die Aufgaben des Arztes und der Medizin, fällt mir oft ein: »Ich habe mich mein ganzes Leben als Arzt mit den Krankheiten von Herz und Kreislauf beschäftigt, mit den Menschen, die herzkrank werden. Risikofaktoren, über die ständig geforscht und gesprochen wird, Cholesterin, Bluthochdruck usw., sind nebensächlich. Für das Entstehen so vieler Herz-Kreislauf-Krankheiten sind traurige, tragische Lebensumstände verantwortlich: Einsamkeit, Verzweiflung und Aussichtslosigkeit.«

Seitdem denke ich immer mal wieder darüber nach, warum solche Weisheiten so wenig beachtet werden. Einsamkeit kann man nicht operieren. Verzweiflung kann man nicht mit Medikamenten oder Apparaten behandeln. Und in einem »Disease Managment-Programm«, dem sich der Herzkranke und sein Arzt heute zu unterwerfen haben, hat Aussichtslosigkeit auch keinen Platz. Und wie erst sollen diese Hochrisikofaktoren auf einer elektronischen »Gesundheitskarte« abgespeichert werden?

Die Medizin konzentriert sich immer mehr und bald nur noch auf Messbares, auf Abbilder, auf Daten, auf den Mensch als technische Maschine. Der Unterschied zwischen einem kranken Menschen beim Arzt und einer defekten Maschine in der Werkstatt ist aber fundamental. Wenn die Medizin das vergisst, ist sie keine mehr.

Wetten, dass …

… Sie nicht wissen, was Mike Toomey in Texas und Heinz-Josef Schmitt in Berlin gemeinsam haben? Die Antwort ist einfach: Es ist ein großer Traum der Medizin, Krankheiten zu verhindern. Zum Beispiel durch Impfungen. »Impfung gegen Krebs möglich!«. Gemeint war damit im März 2007 eine Impfung gegen Gebärmutterhals-Krebs, der durch HPV-Viren verursacht wird. Wirksam gegen vier der über 200 HPV-Viren. Wirksam nur – wie jeder weiß –, bevor eine Infektion mit diesen Viren stattgefunden hat, in diesem Fall also vor dem ersten Geschlechtsverkehr. Wirksam nur, wenn eine Dreifachimpfung vorgenommen wird. Diese ist in Deutschland unverschämt teuer: 477,18 Euro.

Die Krankenkassen sind laut Gesetz gezwungen, Impfungen zu bezahlen, die von der Ständigen Impfkommission (StIKo) empfohlen werden. Jedes neue Arzneimittel, jeder Impfstoff muss vor der Zulassung drei Prüfungsphasen durchlaufen, aber dieser Impfstoff wurde schon mitten in Phase Zwei »empfohlen«. Nun ist er schlagartig das umsatzstärkste Arzneimittel in Deutschland, eine Milliarde Euro im Jahr sind angepeilt. Dabei ist der Gebärmutterhals-Krebs in Deutschland selten, auf Platz zwölf der Krebstodesursachen bei Frauen, und er ist durch eine einfache Früherkennung relativ leicht zu beherrschen. Die Todesfälle in Deutschland sind von 6 000 auf 1500 gesunken, ein erfreulicher Nebeneffekt der Früherkennung und des zunehmenden Kondomgebrauchs.

Die fehlende Phase Drei der Impfstoffzulassung findet jetzt als Großversuch statt. Es geistern die ersten unklaren Todesfälle junger, gesunder Mädchen durch die Presse. Über unerwünschte Wirkungen dieser Impfung ist nicht zu Ende geforscht. Ein unglaublich teurer Impfstoff gegen eine eher seltene Krebsart, keine Kenntnis über Langzeitwirkungen, kein Wissen über die Wirkungsdauer. Warum hat das die StIKo bei ihrer »Empfehlung« nicht beeindruckt? Euphorie? Interessenkonflikte?

Die StIKo hat 16 honorige Mitglieder. 10 von ihnen sind mit Impfstoffherstellern eng verbunden: »Nebentätigkeiten«. Manchmal werden

Haupttätigkeiten daraus. So kommen wir zur Eingangsfrage zurück: Mike Toomey war solange der engste Berater des Gouverneurs von Texas, bis dort die HPV-Impfung zur gesetzlichen Pflicht für alle Mädchen ab elf Jahren wurde. Er ist jetzt beim Hersteller dieses Impfstoffes gut untergekommen. Und Heinz-Josef Schmitt ist jetzt auch nicht mehr der Chef der StIKo, sondern Europa-Chef der Impfsparte einer der größten Pharmafirmen der Welt geworden.

Wenn Sie bisher gedacht haben sollten, eine unabhängige StIKo schütze uns vor Profitinteressen der Pharmaindustrie, dann haben Sie sich wahrscheinlich geirrt.

MEZIS

Gerade hatte ich mir mal wieder einen Ruck gegeben und gründlich aufgeräumt. Aus vier Vereinen war ich ausgetreten, drei Zeitschriften-Abonnements hatte ich gekündigt und mir fest vorgenommen, jetzt keinem Verein mehr beizutreten, keine weitere Zeitschrift mehr zu abonnieren. Und doch ist es wieder passiert. Ich konnte nicht widerstehen: Ich bin Mitglied bei MEZIS geworden. Als ich das neulich in einer Kollegenrunde erzählte, reichten die Reaktionen von Interesse über Gekicher bis zu brüllendem Gelächter. Der Verein heißt »Mein Essen zahle ich selbst«.

MEZIS gibt es erstaunlicherweise erst seit drei Jahren. Und von über 125 000 niedergelassenen Ärzten haben sich bislang gerade einmal 100 Ärzte bei MEZIS eingeschrieben: 0,8 Promille. Das Problem ist aber uralt. Das Problem heißt: Unabhängigkeit.

Zwanzig Millionen Mal besuchen ca. 15 000 Pharmavertreter in Deutschland Arztpraxen und Krankenhäuser. Sie haben Produktinformationen bei sich, kleine Werbegeschenke, Ärztemuster. Sie wollen erreichen, dass ihre Medikamente verschrieben werden, nicht die der Konkurrenz. Wie kann man dieses Ziel erreichen?

Man kann die Software von Arztpraxen sponsern: Will man ein Medikament verschreiben, so erscheint dort zuerst das des Sponsors auf dem Bildschirm. Man kann Ärzte zu »Anwendungsbeobachtungen« verleiten. Nicht nur mögen sie dieses und kein anderes Medikament verschreiben, sondern auch dessen Anwendung auf einem mitgelieferten Bogen kontrollieren. Dafür gibt es bares Geld pro Fall. Man kann die ärztliche Fortbildung organisieren: warum nicht in Kreta über den Bluthochdruck sprechen, Flug, Hotel und beste Speisen inklusive, vielleicht auch mit der Gattin? 90 Prozent der Mediziner-Fortbildungen in Deutschland werden mit ca. 1,5 Milliarden Euro im Jahr von der Pharmaindustrie finanziert. Man kann auf die Redaktionen von Ärztezeitschriften Einfluss nehmen: Auf kritische Medikamentenbewertungen folgt der Rückzug von teuren Anzeigen. Etwa 95 Prozent der medizinischen Fachzeitschriften sind von Pharmawerbung abhängig. Ärztezeitschriften ohne Pharmawerbung kann man fast an einer Hand aufzählen. Man kann sogar Selbsthilfegruppen mit großzügiger Unterstützung dazu bringen, dass sie sich an den Medikamenten des Sponsors orientieren. Man kann wirklich sehr viel.

»Ihre forschende Pharmaindustrie« gibt von 500 Milliarden Dollar Umsatz (weltweit, 2004) etwa 70 Milliarden für Forschung aus, aber 155 Milliarden für Marketing. Und ich bin jetzt gemeinsam mit 100 anderen Ärzten Mitglied in einem Verein, der sich dagegen wehren will, zahle mein Essen selbst. Ein Sandkörnchen im Schuh der Pharmaindustrie. Aber der Appetit ist gut.

Brick Lane

Wir alle sind mündige Bürger. Wir möchten unseren Politikern die schwere Arbeit an den Gesundheitsreformen durch eigene Vorsorge erleichtern, nicht mehr als unbedingt nötig der Gesellschaft zur Last fallen. Welche Möglichkeiten haben wir?

Zunächst das Gewicht: Wir sind zu dick. Es drohen Bluthochdruck und Diabetes. Wir sollten abnehmen und uns viel bewegen. Aber nicht übertreiben – leicht Übergewichtige haben die höchste Lebenserwartung. Und Sportverletzungen können sehr schmerzhaft, teuer und lästig sein! Dann die Essgewohnheiten: Fett soll ja nun doch nicht so schlimm sein, aber Vitamine sind sicher gut, das weiß jeder. Aber nicht übertreiben – Forscher aus Dänemark berichten von einer erhöhten Sterblichkeit durch diese Nahrungsergänzungsmittel. Dann die Laborwerte, zuerst das Cholesterin. Das ist zu hoch. Also: Tabletten schlucken. Aber nicht übertreiben – zu niedriges Cholesterin senkt die Lebenserwartung und erhöht die Selbstmordrate. Dann unsere Wohnung. Hat doch eine finnische Studie gerade gezeigt, dass Hausbesitzer eine höhere Lebenserwartung haben als Mieter. Also gleich zur Bank und einen Finanzplan für das Eigenheim fertigstellen. Dann unser Drogenkonsum. Wir trinken Alkohol. Das sollten wir lassen, wegen der geplagten Leber, wegen der Kalorien. Und wir rauchen. Lungenkrebs droht. Wenigstens unsere nichtrauchenden Mitmenschen sollten wir schonen. Aber nicht übertreiben – eine Studie aus Wisconsin berichtet von einer erheblichen Zunahme von Autounfällen auf den langen Fahrten zu Kneipen mit Raucherlaubnis. Dann unsere Knochen und Gelenke. Wir haben doch immer wieder unangenehme Rückenschmerzen. Kein Wunder, wir sind weder in einem Fitnessstudio angemeldet noch machen wir unsere 15minütige Rückenschule drei Mal am Tag. Dann unser Gemütszustand. Wir sind der eher ängstliche Typ. Eine Studie aus Bonn hat gezeigt, dass sehr ängstliche Menschen eine erhöhte Blutgerinnung mit Thromboserisiko haben. Da sollten wir doch unbedingt noch eine Psychotherapie ins Auge fassen. Abschließend noch unser Beziehungsverhalten, zum Beispiel unsere Ehe.

Da kriselt es doch immer wieder mal nachhaltig. Und es hat doch eine Studie aus Utah gerade gezeigt, dass eine glückliche Ehe den Blutdruck senkt. Hier sollte eine Paarberatung helfen.

Ein Leben für die Gesundheit ist nicht einfach, kostet viel Zeit und Geld. Da ist höchstens noch eine Städtereise drin. Dann aber bitte nur nach London und gleich eine SMS nach Hause geschickt: Auf der Londoner Brick Lane wurden jetzt die Laternenpfosten mit weichen hellen Matratzen gepolstert, weil sich Handybenutzer bei Kollisionen immer wieder schwer verletzt haben. Das ist wahre Vorsorge.

Unter Geiern

Kettenrauchende deutsche Altbundeskanzler sollten für uns kein Vorbild sein. Wollen sie wohl auch nicht. Und auf die Frage nach dem Geheimnis seines hohen Alters hat der über 80jährige Winston Churchill angeblich: »No sports« geantwortet, auf seine Leibesfülle gezeigt und seine Vorliebe für Whiskey, Champagner und Zigarren erwähnt. Das spricht jedem modernen Vorsorgegedanken Hohn. Heutige Slogans lauten anders. Schlappe dicke Raucher sind out – schlank, abstinent und fit ist in. Mit dem Slogan »Geh mit, bleib fit« hat Ulla Schmidt die Kampagne der »3 000 Schritte extra« angeführt. Sport ist angesagt!

Die Aufforderung zu mehr sportlicher Betätigung braucht echte Vorbilder. Da bieten sich die Sportler selbst an. Wir lassen die Radrennfahrer mal beiseite, denn die stehen ja noch immer unter Doping-Generalverdacht. Schauen wir also zu den Handballspielern. Stefan Kretzschmar nahm vor jedem Spiel Diclofenac ein, um wenigstens 60 Minuten ohne Knieschmerzen spielen zu können. Kein Vorbild. Schauen wir zu unseren Fußballhelden. Der serbische Stürmer Marko Pantelic soll jüngst 30 Spritzen bekommen haben, bis er eingesetzt werden konnte. Der ehemalige Frankfurter Stürmer Jermaine Jones nahm vor jedem Training eine, vor jedem Spiel zwei, manchmal auch mehr Tabletten ein, um seine durch eine Stressfraktur verursachten Schmerzen zu überspielen. Und der kroatische Stürmer Ivan Klasnic war nicht nur deswegen vor einiger Zeit in aller Munde, weil er für seine Fußballkarriere in den vier Jahren vor seiner Erkrankung Unmengen des entzündungshemmenden und fiebersenkenden Mittels Diclofenac eingenommen hatte, sondern weil seine Ärzte die Frühsymptome des dadurch verursachten Nierenversagens übersehen haben sollen. Sportmediziner berichten, dass der Schmerzmitteleinsatz im Profi-Fußballsport »ausgeufert« sei. Ein Spieler muss fit sein, ein Verein verlangt beschwerdefreie Profis, und Profi-Fußball ist nun einmal ein knüppelharter Sport.

Da staune ich als Arzt, was der Mensch alles aushalten kann. Was man zum Beispiel vom Geier nicht behaupten kann. Der Bengalengeier, der

Schmalschnabelgeier und der Indische Geier stehen kurz vor dem Aussterben, weil auf indischen Rinderfarmen das entzündungshemmende und fiebersenkende Diclofenac tonnenweise verfüttert wird – ein tödlicher Stoff für Geier, die sich vom Fleisch toter Rinder ernähren, ein unverzichtbarer Stoff für Fußballprofis, die beim Einsatz auf dem Platz auf Schmerzfreiheit angewiesen sind. Dafür gibt es Sportmediziner. Geiermediziner gibt es nicht.

Herzenssache

Immer wieder treffen Fußball-Nationalmannschaften aufeinander, um ihren Welt- oder Europameister zu ermitteln. 22 durchtrainierte junge Männer sieht man eineinhalb Stunden lang schwitzend und grätschend, springend und tretend dem runden Leder hinterherrennen, Tore müssen fallen!

Dass Leistungssport ein hohes Verletzungsrisiko birgt, ist bekannt: Bänderrisse, Knochenbrüche, Muskelfaserrisse, Platzwunden usw. Aber es kann noch schlimmer kommen. Im Dezember 2007 brach der schottische Nationalspieler O'Donnell auf dem Platz zusammen und starb auf dem Weg ins Krankenhaus: Herzstillstand. Der spanische Nationalspieler Antonio Puerta erlitt im August 2007 das gleiche Schicksal. Auf die gleiche tragische Weise starb der ungarische Nationalspieler Miklós Fehér im Januar 2004 mitten im Spiel. In den letzten fünfzehn Jahren sind mehr als zwanzig solcher Todesfälle von Fußballspielern bekannt geworden.

Aber dass ich mich als fußballbegeisterter Zuschauer auch selbst in Gefahr begebe, das überrascht. Es liegen harte Zahlen auf dem Tisch. Rechtzeitig zur Europameisterschaft veröffentlichten Münchner Wissenschaftler die beunruhigende Auswertung von Notarztprotokollen der Fußball-Weltmeisterschaft 2006: In der Region München kommt es an einem normalen Tag zu 15 bis 20 kardialen Notfällen, während der Spiele der deutschen Nationalmannschaft waren es mehr als 60. Besonders Männern machte die Aufregung während der deutschen Schicksalsspiele zu schaffen. Ihr Risiko für einen Herzanfall stieg um das 3,26fache an, das von Frauen hingegen nur um das 1,82fache.

Was kann ich Ihnen als Arzt angesichts solch bedrohlicher Zahlen empfehlen? Regen Sie sich nicht auf! Halten Sie emotionale Distanz zu Ihrer Mannschaft. Denken Sie sich für extrem aufregende Situationen, für Elfmeter oder ungerechte Schiedsrichterentscheidungen schon vor dem Spiel ein Mantra aus, etwa der Art: »Es ist nur ein Spiel«, und sagen Sie es immer wieder ruhig vor sich hin. Rauchen Sie auf keinen Fall während eines Spieles. Meiden Sie strikt den Genuss von alkoholischen Getränken. Wenn es besonders spannend wird, stehen Sie einfach mal vom Sofa auf und beeindrucken Ihre anwesenden Freunde und Bekannten mit Yoga und Entspannungsübungen. So bleiben Sie gesund und sind ein immer gern gesehener Gast beim gemeinsamen Fußballgenuss.

Am allerbesten wäre es, Sie schauten sich die Spiele gemeinsam mit Ihrem Hausarzt an. Der sollte – in weiser Voraussicht – seinen Notfallkoffer dabeihaben.

Fonds

Fond ist ein Wort mit vielen Bedeutungen: In der Malerei der Hintergrund, in der Küche die Brühe, im Auto die Rücksitze, bei Joseph Beuys Installationen aus Eisen, Birnen, Kupfer und Filz. Dann gibt es noch Aktienfonds, Garantiefonds, Immobilienfonds, Investmentfonds, Reptilienfonds. Und seit dem 1. Januar 2009 redet man vom Gesundheitsfonds. Was ist das eigentlich?

Seit Jahren wird über die Umgestaltung der Gesetzlichen Krankenversicherung gestritten. Die von der CDU favorisierte Kopfpauschale sah einen feststehenden, für jeden gleich hohen Versicherungsbeitrag pro Kopf vor, unabhängig vom Einkommen, ausgenommen Kinder, Privatversicherungen blieben unangetastet bestehen. Das SPD-Modell hieß Bürgerversicherung: Alle Bürger würden mit ihrem gesamten Einkommen in die Versicherungspflicht einbezogen, die Beitragshöhe richtete sich (bis zur Beitragsbemessungsgrenze) nach dem Einkommen, Familien blieben beitragsfrei mitversichert, Privatversicherungen gingen in dieser Bürgerversicherung auf.

Die letzte Bundestagswahl hat aber zu einer Großen Koalition geführt. Die beiden unvereinbaren Modelle wurden vermischt, heraus kam der Kompromiss: Gesundheitsfonds. Krankenkassenbeiträge werden wie bisher bezahlt, landen aber alle in einem einzigen großen Topf, eben dem Gesundheitsfonds. Aus diesem erhalten die Kassen ihr Geld, gewichtet nach Mitgliederzahl und deren Alter, Geschlecht und Krankenstand, der sogenannten Morbidität, und das in jedem Bundesland anders. Dafür wurde der Unwort-verdächtige »Morbiditäts-Risikostrukturausgleich« (M-RSA) erfunden, und darüber gibt es bis heute heftigen Streit. Die zuständige Expertenkommission trat wegen politischen Drucks von allen Seiten geschlossen zurück. Außerdem haben die südlichen Bundesländer noch eine Art Länderausgleich erzwungen (die sogenannte »Bayern-Regelung«), um ihren Reichtum nicht wirklich mit armen Bundesländern teilen zu müssen.

Statt jetzt den einmal geschaffenen Gesundheitsfonds gleich als einheitliche Krankenversicherung zu nutzen, wird das zentral gesammelte Geld aber wieder in die alten Strukturen hinein aufgeteilt: Bürokratie pur. Das Risiko von Beitragserhöhungen tragen allein die Arbeitnehmer, die Arbeitgeberbeiträge sind bei sieben Prozent eingefroren. Steuergelder fließen mit ein, wenn die Mittel im Fonds knapp werden. Die Privatversicherungen bleiben ausgenommen. Krankenkassen-Insolvenzen sind abzusehen. Experten wenden sich mit Grausen ab.

Befund: Das Solidarsystem befindet sich weiterhin kreativ im freien Fall.

Hitlisten

Alles ändert sich, rasant. Die Top Ten ändern sich nicht nur in der Popmusik rasant, sondern überraschenderweise auch bei Arzneimitteln.

Die 15 umsatzstärksten Arzneimittel machten im Jahr 1997 einen Umsatz von einer Milliarde Euro (Gesamtumsatz 17 Mrd.). Die 15 umsatzstärksten Arzneimittel des Jahres 2007 – zehn Jahre später – verschafften der Pharmaindustrie einen Umsatz von 2,4 Milliarden Euro (Gesamtumsatz ca. 30 Mrd.). 1997 wurden immerhin noch zehn der 15 umsatzstärksten Arzneimittel vom unabhängigen Berliner Arznei-Telegramm als sinnvolle Mittel bewertet. 2007 sind es nur noch zwei, die anderen 13 Arzneien gelten als nicht zweckmäßig oder riskant. 1997 waren neun dieser fünfzehn Arzneimittel schon länger als zehn Jahre auf dem Markt und mit ihren Risiken überschaubar. 2007 waren es nur noch drei.

Und: Nicht ein einziges Medikament aus der Hitliste von 1997 findet sich auf der des Jahres 2007! Während 1997 die umsatzstärksten Arzneimittel überwiegend zur Behandlung von Volkskrankheiten wie Diabetes mellitus oder Bluthochdruck bestimmt waren, wird heute mehr Geld für teure, riskante und fragwürdige Neuerungen zur Behandlung eher seltener Krankheiten ausgegeben. Die Liste 2007 wird angeführt von dem umstrittenen und unverschämt teuren Impfstoff Gardasil, der erst seit einem Jahr im Handel ist und der Firma MSD 2007 Platz eins und 267 Millionen Euro Umsatz bescherte.

Eine erneute Anhebung des Krankenkassen-Beitragssatzes steht unmittelbar bevor. Die Arzneimittelausgaben müssten also endlich rasch und sinnvoll begrenzt werden. Was tun? Der Vorstandsvorsitzende der AOK, Hans Jürgen Ahrens, schätzt das Einsparpotential durch die Verordnung preiswerter Generika auf 1,3 Mrd. Euro, durch den Verzicht auf teure Analogpräparate auf nochmals 1,3 Mrd. Euro und durch das Weglassen umstrittener Arzneimittel auf 600 Mio. Euro. Das wären über 3 Mrd. Euro. Und seit 15 Jahren wird die einfachste Möglichkeit, der Arzneimittelkosten-Explosion Einhalt zu gebieten, von den Lobbyisten der Pharmaindustrie erfolgreich bekämpft: Die Positivliste für Arzneimittel.

Die Anwendung einer solchen Liste von sinnvollen, bewährten, geprüften und preiswerten Medikamenten würde sofort für weitere Einsparungen von ca. einer Milliarde Euro sorgen. Immer wieder wurde sie vorgeschlagen, neu erarbeitet und verbessert. Immer wieder kam sie in den Gesetzgebungsprozess. Zuletzt hat der frühere Bundeskanzler Schröder sie am Tag vor der Abstimmung im Bundestag vom Tisch gewischt, nachdem sich die Abgesandten der Pharmafirmen im Bundeskanzleramt zu einem Glas Rotwein eingefunden hatten.

Alles ändert sich, rasant. Nur die Profiteure bleiben die gleichen.

Brüche

Fünfeinhalb Millionen Bundesbürger gehen jedes Jahr wegen eines Unfalls zum Arzt! Manches erstaunt mich: Etwa 250 000 Bundesbürger pro Jahr verletzen sich im Badezimmer. Manches überrascht mich: Etwa 80 000 US-Amerikaner werden jedes Jahr nach Unfällen beim Rasenmähen ins Krankenhaus eingeliefert, einige sterben dann sogar. Manches ist kurios: In Kassel musste eine Frau mit Trennschleifer und Brechstange von einem Parkscheinautomaten befreit werden, in dem sie bei der Entnahme des Wechselgeldes mit ihrem Finger steckengeblieben war.

Mir fallen bei Unfällen immer wieder zwei Dinge auf. Zum einen ist da diese seltsame Besonderheit der deutschen Sprache: »Ich habe mir den Arm gebrochen«. Selbst wenn es ein Sturz auf Blitzeis war, selbst wenn es der unglücklichste Zufall war, selbst wenn der Nachbar schuld war: Mit dem Reflexiven, dem auf sich selbst Bezogenen der Sprache kommt wie nebenbei zum Vorschein, dass wir wohl einen Anteil am Geschehen gehabt haben, gleichsam eine Mitverantwortung, ohne dass wir dabei über diese Formulierung nachdenken.

Zum anderen häufen sich Unfälle an Wendepunkten, Brüchen und Krisen des Lebens: Dienstag, 5. August 2008 – »Morgan Freeman bei Autounfall schwer verletzt« – ich erschrecke, das Opfer ist einer meiner Lieblingsschauspieler; Mittwoch, 6. August 2008 – »Morgan Freeman nach Operation außer Lebensgefahr« – ich bin erleichtert, es wird also nach »Miss Daisy und ihr Chauffeur«, »Das Beste kommt zum Schluß« oder »Dark Knight« doch noch weitere Filme mit ihm geben; Donnerstag, 7. August 2008 – »Morgan Freeman läßt sich scheiden« – nach 24 Ehejahren. Ach so.

Vielleicht hat es gerade mit solch versteckten Zusammenhängen zu tun, weswegen wir so und nicht anders sprechen: »Ich habe mir den Arm gebrochen« – wenn man gleichzeitig losgehen und dableiben will; wenn man nach rechts abbiegen muß, aber nach links gezogen wird; wenn man zuschlagen möchte, aber nicht darf; wenn man Zeit braucht, aber keine hat; wenn einander widersprechende Impulse die harmonische motorische Handlung zu einem riskanten Vabanquespiel werden lassen. Da kann man schon mal das Gleichgewicht verlieren, stolpern, an einen Bettpfosten treten, auf den falschen Knopf drücken oder sich in den Finger schneiden.

Alles nur Theorie? Nicht jeder Unfall stellt die krisenhafte Zuspitzung eines Konfliktes dar. Aber war es bei Ihnen wirklich anders? Brüche im Knochen, Brüche im Leben, ist das zu einfach? Ein kurzes Innehalten, ob es nicht vielleicht doch so gewesen sein könnte, lohnt sich immer.

Unvorstellbar

Niemand könnte Handys orten. Kontodaten würden nicht gesammelt und schon gar nicht dem US-amerikanischen Geheimdienst übermittelt. Die Polizei hätte keinen Zugriff auf die Daten von jährlich 29 Millionen Schiffspassagieren. Hotelketten und Kreditkarteninstitute würden weder unsere Kauf- und Essgewohnheiten noch die Titel der Pay-TV-Filme speichern, die wir spät in der Nacht alleine im Hotelzimmer anschauen. Paybacksysteme würden nicht für die Erstellung von Kundenprofilen genutzt. Ermittlungsakten der Polizei würden nicht in frei zugängliche Internetbereiche gelangen. In deutschen Behörden wären in den vergangenen drei Jahren nicht 500 Computer samt Daten gestohlen worden. In Großbritannien würden weder CDs mit den kompletten Sozialdaten von 25 Millionen Briten noch Speichersticks mit Details über 84 000 britische Häftlinge spurlos verschwinden. In Japan hätte niemand illegalen Zugriff auf 8,5 Millionen Rentnerdateien und die von 64 Millionen Rentenantragsstellern genommen. In den USA wären die Daten von 40 Millionen Kreditkarteninhabern nicht gestohlen worden. Es gäbe keine Vorratsdatenspeicherung von Telefon- und Internetverbindungen. Mit RFID-Chips in Waren hätte niemand etwas Unrechtes vor. Niemand würde biometrische Daten speichern. Man könnte keine Wahlcomputer manipulieren. Bei eBay hätte man erfolgreich verhindert, daß Cyber-Kriminelle Klardaten und Kontoverbindungen ihrer Kunden abfragen. Es wäre kein gebrauchter Bankcomputer mit den Daten von 100 Millionen britischen Bankkunden für 44 Euro bei eBay versteigert worden. Es gäbe keine englischen Geheimdienstoffiziere, die beim Losfahren die kompletten Datensätze von 600 000 Angehörigen der Royal Navy und der Royal Air Force auf dem Autodach liegen lassen. Den Begriff »Bundes-Trojaner« hätte noch nie jemand gehört. Die Meldedaten von 15 deutschen Kommunen – 500 000 Bürgern – wären nicht monatelang im Internet jedermann frei zugänglich gewesen. Callcenter hätten weder die Kontodaten von sechs Millionen Kunden der Süddeutschen Klassenlotterie illegal verkauft noch heimlich Zugriff auf Daten von Telekom-Kunden genommen. Und: Die Deutsche Angestellten-Krankenkasse hätte dem amerikanischen Gesundheitskonzern Healthways die Daten von 200 000 Mitgliedern nicht überlassen.

Wenn Sie jetzt immer noch glauben, mit der elektronischen Gesundheitskarte und all Ihren sensiblen Gesundheitsdaten auf sechs zentralen Servern wäre kein illegaler Zugriff und kein Missbrauch möglich, dann fragen Sie Ihren Arzt oder Apotheker.

Scheineingriff

Chirurgie ist mehr als nur ein Schnitt mit dem Skalpell am Anfang und eine Naht mit Nadel und Faden zum Schluß. Das weiß jeder. Wirklich jeder? Vor sechs Jahren erschütterte eine Untersuchung von Dr. Bruce Moseley aus Texas die Welt der Operateure. Moseley teilte 180 Patienten mit fortgeschrittener Kniegelenksarthrose in drei Gruppen ein. Die erste Gruppe erhielt die übliche Gelenkspiegelung (Arthroskopie) mit Spülung und Knorpelglättung, die zweite Gruppe erhielt nur eine Gelenkspülung, und bei der dritten Gruppe wurde die ganze Operation nur simuliert, die Spülung mit mehreren Litern steriler Kochsalzlösung und die Knorpelglättung mittels rasiermesserscharfer Instrumente wurden durch plätschernde und surrende Geräusche vorgetäuscht, die typischen kleinen Hautschnitte wurden gesetzt und vernäht. Das Ergebnis der Nachuntersuchung nach zwei Jahren lautete: In allen drei Gruppen war eine vorübergehende Abnahme der Beschwerden eingetreten. Es bestand kein Unterschied hinsichtlich der Beweglichkeit des Kniegelenkes oder der Schmerzen.

Zuerst war große Aufregung allerorten, die sich dann aber langsam wieder legte. Es wurde weiter arthroskopiert, gespült und geglättet. Denn der Leidensdruck ist groß: etwa die Hälfte der über 50jährigen leidet regelmäßig unter Knieproblemen. Deswegen werden allein in Deutschland jedes Jahr mehr als 250 000 Kniegelenksspiegelungen durchgeführt, und jedes Jahr werden es mehr.

Jüngst aber machte eine weitere Untersuchung aus Kanada Furore. 172 Patienten mit Kniegelenksarthrose wurden in zwei Gruppen eingeteilt. Die einen wurden arthroskopiert, gespült und geglättet, erhielten dazu Schmerzmittel und Krankengymnastik. Die anderen erhielten nur Schmerzmittel und Krankengymnastik. Das Ergebnis: Beiden Gruppen ging es nach zwei Jahren gleich gut – oder schlecht.

Wenn also wegen einer Arthrose eine Kniegelenksspiegelung vorgeschlagen wird, ist größte Vorsicht geboten. Die Kniegelenksspiegelung ist zwar minimal-invasiv, aber keineswegs minimalriskant. Es ist doch sehr seltsam, dass die preiswerte, um nicht zu sagen billige Krankengymnastik, budgetiert und gedeckelt, nur in stark eingeschränkter Zahl verschrieben werden darf, die sündteuren Arthroskopien aber keinerlei Beschränkung, keiner Kontrolle unterliegen. Im Gegenteil: Bald dürfen sie nur noch von Kliniken und Praxen abgerechnet werden, die eine hohe Zahl von Eingriffen nachweisen können. Sachverstand ist hier nicht zu erkennen. Die Rechnung für diese Scheinoperationen zahlt der Patient, mit seinem Krankenschein und seinem Knie.

Erdbeermund

Prominente haben es schwer. Rampenlicht und Privatsphäre vertragen sich nicht. Da verliebt sich einer mit Mitte Zwanzig in seine Ärztin, die aber schon anderweitig liiert ist. Er übernachtet auf ihrem Balkon, hält sich in ihrer Wohnung versteckt. Sie verbietet ihm Besuche bei ihr. Aus Verzweiflung und Eifersucht bekommt er Tobsuchtsanfälle – für die er sein Leben lang berühmt und berüchtigt sein wird. Vor Wut zerschlägt er ihre Kücheneinrichtung, würgt die Angebetete. Alles vergebens. Der anschließende Selbstmordversuch führt am 5. September 1950 zur Zwangseinweisung in die Psychiatrie der Karl-Bonhoeffer-Klinik in Reinickendorf, mit der Polizei, gefesselt in der Autodroschke, wegen Gemeingefährlichkeit.

Wen interessiert das? Die Rede ist von einer öffentlichen Person: Auf der ersten Seite der gerade veröffentlichten Krankenakte von Klaus Kinski (1926 – 1991) steht »Vorläufige Diagnose: Schizophrenie. Endgültig: Psychopathie«. Prominente haben es also auch noch nach ihrem Tod schwer, mit dem Rampenlicht und mit der Privatsphäre. Die Angehörigen sind empört, klagen gegen das Berliner Landesarchiv. Dort spricht man aber von »wichtigen Dokumenten der Zeitgeschichte« und vom »Interesse der Öffentlichkeit«. Klaus Kinski ist offline, prominent und lange tot.

Wie aber sieht es heute aus, online, mit uns Nicht-Prominenten, mit uns Lebenden? Zum Beispiel: Patientenakten von Kliniken aus Kassel, Offenbach und Hofgeismar konnten einige Zeit im Internet gelesen werden. Das soll ein Versehen gewesen sein. Zum Beispiel: Google hat gerade seinen neuen »Dienst« Google-Health vorgestellt, bei dem die Benutzer die eigenen medizinischen Daten mit der Suchmaschine, mit Informationsdiensten und ihrem digitalen Krankenblatt online »verwalten« können. Damit konkurriert Google mit Microsoft (Health Vault) und AOL (Revolution Health). Fortschritt oder Wahnsinn? Zum Beispiel: 2009 sollte die elektronische Gesundheitskarte zur Speicherung unser aller Gesundheitsdaten auf zentralen Servern führen. Die Interessenten stehen schon Schlange und scharren mit den Hufen – Krankenkassen, Pharmaindustrie, Arbeitgeber, Versicherungen, Politiker.

Auf der anderen Seite arbeiten Datenschützer fieberhaft, um alles vor unberechtigten Zugriffen zu schützen. Einer wird gewinnen.

Wenn Sie immer noch nicht wissen, was mit der elektronischen Gesundheitskarte auf Sie zukommen wird, informieren Sie sich rechtzeitig! Es reicht in diesem Fall wahrscheinlich nicht, nur Ihren Arzt oder Apotheker gefragt zu haben.

Exodus

Letzten Herbst hat die Bundesärztekammer die Studie »Altersstruktur und Arztzahlentwicklung in Deutschland« vorgestellt: Das Durchschnittsalter der Ärzte liegt bei 51,1 Jahren. Bis zum Jahr 2012 treten 41 000 Ärzte in den Ruhestand. Daher wird es, zuerst in ländlichen Regionen, bald zu Unterversorgung kommen, je östlicher, umso eher und umso dramatischer. Alarm!

Das ist der Moment, in dem eine Gesellschaft auf die Jungen bauen muss. Immerhin geben wir fast eine Viertelmillion Euro für die Ausbildung eines jeden Medizinstudenten aus, ganz zu schweigen von den Kosten der folgenden Facharztausbildung. Aber: Von 4 000 befragten Medizinstudenten spielen mehr als 70 Prozent mit dem Gedanken, nach dem Studium ins Ausland zu gehen. »Man verbittert und verliert seine Menschlichkeit«, »36 Stunden durchgehende Arbeit, das kann kein Mensch leisten«, »lange Bereitschaftsdienste, hierarchische Strukturen und die Orientierung der Behandlung an finanziellen Interessen« lauten die studentischen Äußerungen. Nicht ausgebrannte, desillusionierte Vollprofis am Ende ihres Berufslebens sprechen hier, nein, es sind die jungen Kollegen, die noch ganz am Beginn ihres Weges stehen!

1989 wollte noch ein Drittel der Medizinstudenten Hausarzt werden, einige Jahre später bloß jeder Zehnte, heute noch 4 Prozent. Und wenn auch nur die Hälfte der Studenten ihre Auslandspläne wahr macht, wird es zu einer echten Gefährdung der Patientenversorgung kommen. 20 000 deutsche Ärzte sind schon im Ausland, im Jahr 2007 sind 2 600 weitere dazugekommen.

Was ist anders in der Schweiz, was besser in Skandinavien, warum wollen junge Ärzte nicht mehr hier arbeiten? Gerade haben wieder Mitarbeiter von über 2000 Krankenhäusern bundesweit protestiert, um auf die Not in den Krankenhäusern aufmerksam zu machen. Haben diese nicht eben noch 3 Milliarden Euro erhalten? Auch die niedergelassenen Ärzte sind doch jüngst mit zusätzlichen Milliarden »beruhigt« worden. Sie geben aber keine Ruhe. Geld statt Ganzheitlichkeit, Abrechnungsakrobatik statt Heilkunst, Diagnostikkaskaden statt Ruhe und Zeit für sprechende

Medizin, Fallzahlsteigerung statt Patientenbegleitung, Diagnoseverschlüsselungen statt Patientenbehandlung, Qualitätsmanagement statt helfender Zuwendung, Arbeitshetze statt Sinnsuche, das schlägt jetzt schon die Studenten in die Flucht.

Diese beängstigende Ressourcenverschwendung auf dem Altar der Industrialisierung der Medizin ist heute Alltag in Arztpraxen und Kliniken. Seltsam, dass derart laute Alarmglocken ungehört verhallen.

Unwort

Seit 1991 wird von einer unabhängigen Jury das Unwort des Jahres gekürt. Erst zweimal kam es seitdem zur Wahl von Begriffen, die aus gesundheitspolitischen Debatten stammten, und zwar vor 10 Jahren mit dem »sozialverträglichen Frühableben« und 2004 mit »Humankapital«. Mein Vorschlag für 2008 heißt »morbiditätsorientierter Risikostrukturausgleich«. Das Wort an sich ist schon eine Zumutung, seine Bedeutung umso mehr. Und die erschließt sich so:

Am 1. Januar 2009 kam der Gesundheitsfond über uns alle. Der Krankenkassenbeitrag wird nicht mehr an die Krankenkasse abgeführt, sondern an den Gesundheitsfond. In diesem Zug ist die Beitragshöhe gleich vorsorglich auf 15,5 Prozent angehoben worden, der Arbeitgeberanteil wurde auf sieben Prozent eingefroren, die Steigerung um 0,9 Prozent (und jede weitere zukünftige Steigerung) müssen die Arbeitnehmer alleine tragen. Der Gesundheitsfond verteilt nun diese Einnahmen auf die über 200 Krankenkassen der Republik, und zwar nach Anzahl, Alter, Geschlecht und Gesundheitszustand ihrer Mitglieder. Wie aber misst man einen Gesundheitszustand?

Seit vielen Jahren schon müssen Ärzte ihre Diagnosen nach einem international gültigen Code verschlüsseln, dem ICD. Für den morbiditätsorientierten Risikostrukturausgleich (»Morbi-RSA«) gibt es nun eine Liste von 80 schweren Krankheiten, die zur erhöhten Geldzuweisung an die Kassen führen. Je kränker also die Mitglieder einer Kasse sind, desto mehr Geld erhält diese aus dem Gesundheitsfond. Das Morbiditätsrisiko soll dadurch strukturell ausgeglichen werden. Früher waren die Krankenkassen erpicht auf den gesunden Versicherten, der einen Überschuss von ca. 350 Euro im Jahr garantierte. Kranke, sogenannte »schlechte Risiken«, verursachten einen Verlust von durchschnittlich 700 Euro. Ab 1. Januar wird es umgekehrt sein: »gute Risiken« bringen kaum mehr etwas ein, »schlechte Risiken« sind gefragt!

Was liegt da näher, als Kontakt zu den Ärzten aufzunehmen, welche die Verschlüsselung in Krankenhäusern und Arztpraxen täglich abertausendfach vornehmen? In einem nördlichen

Bundesland soll Ärzten schon zehn Euro pro Patient geboten worden sein, wenn sie sich bei der Codierung von geschulten Kassenangestellten beraten lassen. Ist ein chronischer Husten nicht vielleicht doch eine Lungenentzündung? Ständige Bauchschmerzen könnten doch auch Zeichen einer chronisch-fistelnden Darmentzündung sein?

Für diese »Diagnoseoptimierung« wurde flugs ein neuer Fachbegriff erfunden: »Upcoding« – noch ein Kandidat für das Unwort des Jahres.

Fatal

Meine Patientin war höchst ungehalten: Ich hätte ihr das falsche Medikament verschrieben. Die Schmerztabletten hätten sich nicht in Wasser aufgelöst, sie könne keine Tabletten schlucken, das hätte sie mir doch erklärt! Ich wundere mich, hatte ich es doch richtig verschrieben. Dennoch hatte die Patientin zwar das richtige Medikament, aber eine andere Aufbereitung erhalten. Des Rätsels Lösung: die Rabattverträge.

Seit der letzten »Gesundheitsreform« mit dem sinnigen Namen »Wettbewerbsstärkungsgesetz« schließen Krankenkassen Direktverträge mit Pharmafirmen ab. Die Kassen erhalten Rabatt, ihre Versicherten müssen mit diesen Medikamenten versorgt werden, sonst muß vom Patienten ein Aufschlag zur Zuzahlung gezahlt werden. Am 31.12.2007 existierten bereits 1997 solcher Rabattverträge mit 390016 verschiedenen Rabatten, Tendenz steigend. Die Höhe des Rabatts bleibt dabei das Geheimnis der Kassen und Pharmafirmen. Kleinere Firmen haben keine Chance, können nicht mithalten, die Konzentration zu Pharma-Oligopolen wird gefördert.

Was soll das? Es geht um 30 Milliarden Euro Arzneimittelkosten im Jahr, also um fast 20 Prozent des gesamten Krankenkassenetats; mehr, als für die ambulante medizinische Behandlung aufgewandt wird. Es geht darum, diese Kosten zu senken. Arzneimittelrichtlinien, Arzneimittelfestbeträge, Bonus-Malus-Regelungen, Aut-idem-Substitution, Negativlisten, Wirtschaftlichkeitsprüfung, Zielpreisvereinbarungen und eben auch die Rabattverträge: Kreative Wortschöpfungen, kaum jemand versteht sie noch – und die Arzneimittelausgaben steigen weiter.

Längst gibt es eine Liste der wirksamen und preiswerten Medikamente. Wenn nur die von den Kassen zu erstatten wären, hätte der Spuk rasch ein Ende. Diese Positivliste hat aber bisher noch keine Regierung gegen die Pharmaindustrie durchsetzen können. Und: Hätten Ärzte genug Zeit, um mit ihren Patienten zu sprechen, auch über Medikamente und deren unerwünschte Wirkungen, dann würden nicht jedes Jahr Tabletten im Wert von 5 bis 10 Milliarden Euro in Arzneischränkchen unbenutzt verfallen. Und zu guter

Letzt: In Deutschland liegen die Arzneimittelpreise um 30 Prozent über dem europäischen Durchschnitt. Was sollen da Rabatte helfen?

Dieses fatale System wird mit Rabatten nur bemäntelt. Ich rufe den Apotheker an, bin auf Streit gebürstet. Doch der nette Herr erklärt mir, dass auch er manchmal nicht mehr weiter wisse: In dem Rabattvertrag der Kasse meiner Patientin sei dieses Schmerzmittel leider nicht in der löslichen Form im Angebot. Pech!

Kein Wort wahr

In der folgenden Aufzählung stimmt kein einziger Satz. Alles ist wissenschaftlich gründlich untersucht, widerlegt, als Unfug, teilweise auch als schädlich erkannt.

Wenn man spät in der Nacht nochmal an den Kühlschrank geht, nimmt man besonders stark an Gewicht zu. Wenn es draußen kalt ist, ist das Erkrankungsrisiko deutlich höher, wenn man keine Kopfbedeckung anzieht. Normalerweise werden nur zehn Prozent des Gehirns genutzt. Beim Niesen setzt der Herzschlag kurz aus. Die ständig steigende Lebenserwartung und die zunehmende Zahl von alten Menschen verursachen immer mehr steigende Kosten im Gesundheitssystem. Wenn Kinder zu viele Süßigkeiten und zuckerhaltige Nahrungsmittel zu essen bekommen, wird damit das Entstehen des Hyperaktivität-Syndroms gefördert. Cola lähmt die Spermien und ist auch als nachträgliches Verhütungsmittel geeignet. In unserem Gesundheitswesen gibt es eine Kostenexplosion. Man soll mindestens acht Gläser Wasser am Tag trinken, um gesund zu bleiben. Haare und Fingernägel wachsen nach dem Tod noch kurze Zeit weiter. In Deutschland sind die Lohnnebenkosten im europäischen Vergleich besonders hoch. Bei Dämmerlicht soll man nicht lesen, sonst schadet man seinen Augen. Durch regelmäßige Teilnahme an Brustkrebs-Früherkennungsuntersuchungen sinkt die Sterblichkeit um 25 Prozent. Wenn man seine Körperhaare rasiert, wird deren Wachstumsgeschwindigkeit immer rasanter. Mit Fischöl, auch als Tabletten, kann man Herzkrankheiten verhindern. Mit der elektronischen Gesundheitskarte wird der Notarzt immer sofort gut informiert sein. Wenn man mehr Honig isst, kann man allergischen Symptomen vorbeugen. Während der Weihnachtsfeiertage ist die Zahl der Selbstmorde besonders hoch. Zuzahlungen senken die Kosten im Gesundheitswesen. Mit Vitamin c kann man Erkältungskrankheiten verhindern. In Spinat findet sich besonders viel wertvolles Eisen. Die sozialen Leistungen unseres Gesundheitssystems werden massenhaft missbraucht. Wenn man großflächigen Kupferschmuck trägt, kann man rheumatische Erkrankungen verhindern. Auf eine frische

Verbrennung muss man Butter auftragen. Wer viel Schokolade isst, bekommt davon Akne.

Und mit welchem Mythos bekämpfen Sie zum Beispiel den Sylvesterkater? Mit Obstsaft, Mineralwasser, Honig, Joghurt, Heringssalat oder Vitaminen? Oder versuchen Sie es mit viel heißem Kaffee? Bringt auch nichts. Hier hätte wohl nur eines geholfen: Weniger Alkohol.

Fünfte Gewalt

Vor kurzem habe ich zum ersten Mal in meinem Leben einen Bericht des Bundesinnenministeriums gelesen, von der ersten bis zur letzten Zeile. Er handelt nämlich von »externen Personen«, und ich wollte unbedingt wissen, was sich dahinter verbirgt. Wodurch könnte eine Person zu einer »externen« werden? Jetzt weiß ich es: Es handelt sich um Abgesandte von Interessenverbänden und Wirtschaftsunternehmen, die in Bundesministerien arbeiten, ihr Gehalt aber weiter von ihrem ursprünglichen Arbeitgeber beziehen.

Legislative, Exekutive und Judikative: Die Gewaltenteilung unseres Grundgesetzes. Von einer »vierten Gewalt« steht dort nichts, aber sie wirkt immerhin öffentlich, sie kontrolliert und sie kann kontrolliert werden: Das sind die Medien. Die »fünfte Gewalt« kennt keiner. Sie wirkt im Stillen, niemand kennt sie mit Namen, ihre Macht ist grenzenlos und nimmt stetig zu: Das sind die Lobbyisten.

4500 Lobbyisten haben Ausweise für den Bundestag. Sie sind sehr erfolgreich. Betrachten wir zum Beispiel die sogenannte Positivliste von Arzneimitteln. In Deutschland sind mehr als 40 000 Präparate zugelassen. Als Chirurg brauche ich davon regelmäßig kaum 20, ein Hausarzt wird wohl etwa 100 davon verschreiben, ein Internist vielleicht 150, die Apotheke eines Krankenhauses braucht ca. 1500 Präparate. So sähe auch eine Positivliste aus: Eine verbindliche Liste der wirksamen und preiswerten Medikamente. Das wäre dann das Ende von 25 Millionen Besuchen von Arzneimittelvertretern bei den 130 000 niedergelassenen Ärzten, das Ende von versteckter Werbung in medizinischen Fachzeitschriften, das Ende von gekauften Referenten auf medizinischen Kongressen, das Ende des Sponsorings von Selbsthilfegruppen und das Ende von pseudoobjektiven Internetportalen.

An den Lobbyisten ist schon Horst Seehofer gescheitert, der sich 1995 erstmals an einer Positivliste die Finger verbrannt hat. Drei SPD-Ministerpräsidenten wurden solange von den Pharmakonzernen erfolgreich bearbeitet, bis die Liste im Bundesrat gescheitert war. Einer davon war Gerhard Schröder. Der wischte dann später als Bundeskanzler die Positivliste erneut vom Tisch, nachdem die Herren von der Pharmaindustrie des Nachmittags zum Kaffee im Kanzleramt waren.

Und jetzt arbeiten die Lobbyisten in Berlin und Brüssel mit aller Macht daran, dass die Pharmaindustrie sich endlich direkt an den »Verbraucher« wenden darf: Das lästige und umsatzbehindernde Werbeverbot für Arzneimittel soll endlich fallen. Der zuständige EU-Kommissar heißt Gunther Verheugen. Er ist schon eingeknickt. Man darf gespannt sein, welchen Posten er nach seiner EU-Karriere antreten darf.

Mit System

Es sei die Gesundheitspolitik in unserem Land ganz ziellos und im Blindflug. Es werde seit Jahren nur noch von Problem zu Problem gestolpert. Kaum sei das eine Gesundheitsreformgesetz verabschiedet, werde schon das nächste nötig. Was dann dabei herauskäme, hinge nur von den zufällig wechselnden Einflussmöglichkeiten der Lobbyisten ab. Erfolge gäbe es keine. Die Eingriffe des Staates würden immer hektischer. Weder habe sich der Gesundheitszustand im Land verbessert noch sei es zu Verbesserungen der Strukturen im Gesundheitswesen gekommen. Kurz: Die ganze Gesundheitspolitik sei eine einzige Stümperei, ohne wirkliches Konzept.

Sollten Sie auch so denken, dann sind Sie auf eine große Show hereingefallen. Hinter all dem vermeintlichen Chaos steckt nämlich doch ein Ziel und ein System, und Stümperei findet sich höchstens im Detail, nicht aber im großen Konzept, dem Konzept der Industrialisierung.

In den Krankenhäusern sind in den letzten zehn Jahren 150 000 Stellen abgebaut worden, und in keinem Land der Welt sind so viele Krankenhausbetten im Besitz privater Klinikkonzerne wie in Deutschland. Kleinere Krankenhäuser haben auf diesem Markt keine Chance mehr. Qualitätsmanagement, das Regime von Mindestzahlen und die Bezahlung nach Diagnosen sind die Synonyme für den Schrumpfungs- und Konzentrationsprozeß. Das Krankenhauspersonal ist verbittert über die zunehmende Arbeitshetze und Entmenschlichung der Arbeitssituation. Die Patienten spüren, dass sie nur noch als Krankheit, nicht mehr als Kranke behandelt werden. Schwarze Zahlen müssen sein.

Gemeinschaftspraxen und Medizinische Versorgungszentren erhalten für die gleiche Leistung zunehmend mehr Geld als Einzelpraxen. Der einzeln arbeitende Hausarzt soll möglichst bald der Vergangenheit angehören. Arztpraxen können in vielen Regionen unseres Landes nicht mehr besetzt werden. Budget-Deckelungen und Regelleistungsvolumen sind die Synonyme für den Zerstörungsprozess, bei dem am Ende nur noch wenige, dafür aber umso größere Behandlungszentren übrig sein werden, zertifiziert nach DIN-ISO, mit angestellten Ärzten, in Leitlinien festgelegten Behandlungskonzepten, wohnortfern und im Besitz großer Konzerne.

Neuerdings redet man viel über den Kapitalismus. Und deswegen muss man auch nicht mehr drum herumreden: Der Kapitalismus greift mit Macht, mit System und mit Erfolg nach einem bislang eher verschont gebliebenen gesellschaftlichen Bereich, nämlich nach allem Sozialen, und besonders nach dem Gesundheitswesen. Aber nur soweit das Profit verspricht.

Rückenschmerz

So läuft das also, wenn sich alle Beteiligten auf eine Reform des Honorarsystems für niedergelassene Ärzte geeinigt haben: Kaum ist sie gültig, schon löst sie eine Lawine von Protesten, Demonstrationen und Talkshows aus. Viele Ärzte sehen sich als Verlierer dieser Reform, fürchten um ihre berufliche Existenz, versteigen sich sogar zu Voraus-Inkasso bei ihren Patienten, sind verzweifelt und vergessen Ethik und Gesetz. Da aber schwebt unsere Gesundheitsministerin herein und spricht: »Die Probleme dürfen nicht auf dem Rücken der Patienten ausgetragen werden.«

Über die Strapazierfähigkeit des Rückens meiner Patienten staune ich ja schon lange. Denn dieser Rücken ist noch nie geschont worden, hat schon vor über 30 Jahren den ersten Schaden genommen, wenn auch zunächst nur einen ganz kleinen, noch kaum spürbar. Auch damals war die Übeltäterin eine SPD-Ministerin, Antje Huber: Eine Zuzahlung von 50 Pfennig pro Rezept wurde eingeführt. Und seit dieses Tabu gebrochen ist, seit nicht mehr die Solidargemeinschaft alleine, sondern der einzelne Patient seine Krankheitskosten mehr und mehr mitfinanzieren muss, seitdem ist der Rücken meiner Patienten immer wieder und immer mehr maltraitiert worden: Zuzahlung von mindestens fünf Euro pro Medikament, Zuzahlung für jeden Tag Aufenthalt im Krankenhaus und für jeden Tag Aufenthalt in einer Rehabilitationsklinik, Zuzahlung für Krankengymnastik, Lymphdrainage oder Ergotherapie, Praxisgebühr von zehn Euro pro Quartal beim Arzt, nochmal beim Zahnarzt, nochmal beim Notarzt, gleichzeitig Bonussysteme für die Nichtinanspruchnahme von Leistungen wie bei der Autoversicherung. Auf dem Rücken meiner Patienten sind in den vergangenen Jahren ein Fünftel aller Krankenhäuser geschlossen worden, auf dem Rücken meiner Patienten ist die Liegezeit im Krankenhaus drastisch zurückgefahren worden bis hin zur »blutigen Entlassung«, auf dem Rücken meiner Patienten haben Ärzte, Schwestern und Pfleger keine Zeit und Chance mehr zu einer humanen Medizin. Vor wenigen Jahren betrug der Anteil der Krankenkassenausgaben für ärztliche Behandlung durch Haus- und

Fachärzte noch 25 Prozent. Inzwischen ist er auf 15 Prozent gesunken, also keine Zeit für »sprechende Medizin«, aber volle Wartezimmer und immer längere Wartezeiten – alles auf dem Rücken der Patienten.

Einem derart geschundenen Rücken kann auch ein ausgeflippter Orthopäde mit 100 Euro Vorkasse nicht mehr wirklich schaden.

Blutig

Eine Tragödie von vielen! Ein Mann ersticht seine Frau, an Heiligabend. Ein Dreizeiler im Lokalteil. Und deswegen steht dieser Mann jetzt in Frankfurt vor Gericht.

Eine Tragödie von vielen? Ein Mann muß seine Frau aus dem Krankenhaus abholen. Vor mehr als zehn Jahren wurde sie wegen Darmkrebs operiert, jetzt war die bösartige Erkrankung wieder da. Neue Operationen. Vor Gericht berichtet der Mann, um Fassung ringend, wie seine Frau, nach fünf Operationen, mit einer offenen Bauchwunde, mit zwei künstlichen Darmausgängen, nach einer Woche im Koma, so dünn, dass ihr die Kleider vom Leib rutschten, jedesmal vor Schmerzen weinte, wenn er die Wunde reinigte, die Verbände wechselte, die Beutel erneuerte. Vom Krankenhaus abgewimmelt und alleingelassen, fühlte er sich vollkommen überfordert, ertrug an Heiligabend das Leid seiner Frau nicht mehr, schlug sie mit einer Bratpfanne bewusstlos und erstach sie. Anschließend schnitt er sich die Pulsadern auf, stürzte auf die Straße, wurde gefunden und »gerettet«. Und so steht er jetzt in Frankfurt vor Gericht.

Das stand in der Zeitung. Nehmen wir einmal an, es habe sich wirklich so abgespielt. Das rechtfertigt niemals die Tötung eines Menschen. Aber es rechtfertigt Fragen. Warum kam der Pflegedienst nur sporadisch? Hatte die Frau keinen Hausarzt? Warum ist diese schwerkranke Frau überhaupt so früh aus dem Krankenhaus entlassen worden, ohne dass die häusliche Versorgung gesichert war?

Vor Jahren erhielten Krankenhäuser ihre Vergütung nach der Anzahl der Aufenthaltstage ihrer Patienten. Ich kann mich nicht erinnern, dass wir auch nur ein einziges Mal einen Patienten in einem derart jämmerlichen Zustand nach Hause entlassen haben. Heute erhalten die Krankenhäuser ihr Geld nach Art der Diagnosen: Je schwerer der Fall, desto höher die Bezahlung. Die Liegezeit spielt keine Rolle mehr. Sie hat sich daher drastisch verkürzt. Nur so lassen sich Fallzahlen und damit die Einnahmen steigern, nur so können Krankenhäuser heute bestehen. Und deswegen sehe ich in meiner Praxis ständig mehr der viel zu früh entlassenen Patienten. Gehunfähig, im Rollstuhl sitzend, aber im vierten Stock zu Hause. Mit geschwollenen Beinen und aufgeplatzten Geschwüren für Gehstöcke zu schwach. Angehörige, Tag für Tag mehr überfordert von eiternden Wunden oder aufgegangenen Nähten: »Blutige Entlassungen«.

Ich behaupte: Zwischen der privaten Tragödie in einer Zweizimmerwohnung in Kronberg im Taunus und dem betriebswirtschaftlichen Diktat der modernen Krankenhausfinanzierung besteht ein direkter Zusammenhang.

Nobelpreise

Den Nobelpreis kennt jeder. Seit 1901 werden die hochdotierten Ehrungen aus dem Stiftungsvermögen von Alfred Nobel finanziert. 2008 erhielt u.a. der Heidelberger Krebsforscher Harald zur Hausen den Nobelpreis für Medizin. Er hatte Viren als Auslöser von Gebärmutterhalskrebs identifiziert. Nobelpreise sind etabliert, renommiert und wirtschaftlich sehr wertvoll.

Es gibt einen weiteren, nicht so bekannten, nicht so hoch dotierten, den alternativen Nobelpreis für Ökologie und nachhaltige soziale Entwicklung, 1980 von Jakob von Uexküll gestiftet. 2008 wurde er u.a. der Kölner Gynäkologin Monika Hauser verliehen. Er galt ihrem Engagement für Frauen in Kriegsgebieten, die Opfer sexueller Gewalt geworden waren. Dieser alternative Nobelpreis ist moralisch sehr wertvoll, wirtschaftlich aber nicht.

Ein drittes »Nobelpreiskomitee« verleiht seit 1991 alljährlich im MIT (Massachusetts Institute of Technology) in Harvard den unedlen (»ignobel«) Nobelpreis. Den unedlen Nobelpreis für Ernährungswissenschaften gewannen Forscher, die die Geräuschfrequenzen beim Zerbeißen von Kartoffelchips gemessen hatten. Die Verstärkung hoher Frequenzen bei 20 KHz ließ die gleichen Chips knackiger und frischer schmecken. Der unedle Nobelpreis für Biologie wurde für die Erkenntnis verliehen, dass Flöhe, die auf Hunden leben, deutlich höher springen können als Flöhe, die auf Katzen leben. Den unedlen Nobelpreis für Wirtschaftswissenschaften gewannen Autoren einer Langzeitstudie über ökonomische Gesetzmäßigkeiten, die mit dem Menstruationszyklus zusammenhängen: 18 Striptease-Tänzerinnen in New Mexico erhielten am wenigsten Trinkgeld, wenn sie während ihrer Menstruation arbeiteten, dagegen verdoppelte es sich in der Phase ihres Eisprungs. Den unedlen Nobelpreis für Medizin 2008 erhielten die Autoren einer Studie, mit der nachgewiesen werden konnte, dass die Wirkung eines Medikamentes von seinem Preis abhängig ist: Probanden erhielten ein unwirksames Placebo, einmal mit 2,50 Dollar, einmal mit zehn

Cent ausgepreist. Die Wirkung des erheblich teureren Placebos wurde deutlich besser bewertet.

Dieser unedle, undotierte Nobelpreis ist scheinbar frei von Moral, und er scheint wirtschaftlich uninteressant. Die Kriterien für seine Vergabe sind: Erstens müssen die Forschungsergebnisse zum Lachen bringen, zweitens müssen sie methodisch korrekt sein, und drittens müssen sie zum Nachdenken, zum Weiterdenken führen. Die Ergebnisse scheinen zunächst ganz und gar sinnlos. Aber nur der kann ein guter Arzt werden, der sich diese Fragen überhaupt stellt. Und wer diese Fragen gar beantworten kann, der hat die Welt verstanden.

Zu guter Letzt

Jeder dieser kleinen Texte hat seine kleine Geschichte. Zunächst: Es sind Kolumnen, die in den vergangenen zwei Jahren in der Frankfurter Rundschau erschienen sind. Meist begann ihre Entstehung mit Trolly, der mich Tag für Tag, drei Mal am Tag, bei jedem Wetter vor die Tür zwingt. Einmal rund um die Betramswiese: der Tag sortiert sich, die Themen können wachsen für diese Texte. Manche haben sich wie von selbst geschrieben. Andere waren harte Arbeit, mit immer neuen Anläufen; manchmal habe ich mich verzettelt, manchmal zu viel in einen Text gepackt, oder – cum ira et studio – den roten Faden und die Gelassenheit verloren.

Zu meinem Glück aber gibt es zwei Menschen an meiner Seite, die mich beim Schreiben begleiten. Dafür möchte ich mich bedanken: Bei Claudia Hontschik für ihre kreative und geduldige Beratung, und bei Rainer Weiss, ohne den manches nicht die Form hätte gewinnen können, die es braucht.

Inhaltsverzeichnis

Bernd Hontschik
Herzenssachen.
So schön kann Medizin sein

Konzept Design
Gottschalk+Ash Int'l

Umschlaggestaltung
Julia Borgwardt, borgwardt design

Foto Bernd Hontschik
© Anna Klingelhöfer

Druck und Bindung: CPI – Clausen & Bosse, Leck
Printed in Germany
Zweite Auflage 2009
ISBN 978-3-940888-03-7

hontschik.de
weissbooks.com